イートグッド

EAT GOOD

―価値を売って儲けなさい―

「フードスタジアム」編集長
佐藤こうぞう

まえがき

講演や原稿、取材協力で、私に求められるテーマは、ほとんどが「飲食トレンド」に関するものです。ただ、一口に「飲食」と言っても、そこに関わるヒトや企業によって、スタンスはマチマチ。フィールドは一緒でも、ジャンルが違うとまったく切り口や評価の基準が異なってきます。

私はフードビジネス関係者に向けて、トレンドの解説を行っています。ですから、「グルメ」専門家たちとの「飲食店」を見るフィルターはまったく違います。例えば「味と食材」に関しては、「一流シェフが高級食材を用いて、それなりの調理をすれば美味しいのは当たり前」だと思っています。ですから、私はあえて味や食材、有名シェフを評するグルメの領域には踏み込みません。

それに、味への評価については、私はそのヒトの生まれ、育ち、感性などに左右され、主観的要素が強いと思いますし、食べたときの気分や体調によっても随分違うのではないかと考えています。また、その店やシェフのブランドや有名無名によって先入観が入るものです。

私の立場からすれば、そのシェフの料理が美味しい不味いではなく、何ゆえにその食材を使い、いったいいくらの原価率で提供しているのか？　空間のコンセプトやサービス哲学、人件費の考え方、出店計画や展開の戦略などに興味があるのです。また、その店のポジションが飲食マーケットのどこに位置し、時代のトレンドのなかで革新なのか保守なのか、そうしたことがテーマです。

私は36歳まで、サラリーマン新聞記者、ビジネス雑誌編集者をやりました。ずっと経済記者として過ごしてきたわけですが、一貫してテーマとしてきたのがベンチャービジネス支援です。ベンチャーたちの創業の醍醐味、大組織に立ち向かう勇気、既成概念を覆す発想力、新規事業に挑戦するときの決断力、チームを引っ張る指導力などは、大企業のサラリーマン社長にはない人間的魅力がありました。

36歳で独立して飲食スタイルマガジン『アリガット』を創刊しました。2000年のことです。それを機に、飲食業界にどっぷりと骨をうずめることになりました。2003年に「フードスタジアム」を創刊、スタートアップからアーリーステージといわれる3店舗から30店舗ぐらいの伸び盛りの「飲食ベンチャー」を対象に取材活動を続けてきました。ある新聞の寄稿記事の取材で、まだ5店舗のときのダイヤモンドダイニング（DD）松村厚久社長に会いました。『アリガット』のときには1号店の「ヴァンパイアカフェ」を取材していましたから、久しぶりの再会でした。

ちょうど「竹取百物語」オープンのときでしたが、白状すると「大丈夫かな？」と思いながら原稿を書いたものです（松村さん、すみません）。その松村さんとの再会があって、その後の成長を取材しながら、私は思いました。「松村さんのような成長企業に続くベンチャーを発掘して、切磋琢磨しながら共に伸びていけるようなベンチャーの集まりをやりたい」と。それが、20代からずっとベンチャーを追いかけてきた私の使命であり、最後の仕事じゃないか、と。

松村さんはその後、「100業態100店舗」のビジョンを掲げ、株式上場を果たしました。いまや松村さんは東証一部上場にまで成長し、年商300億円の企業です。2016年9月には飲食業界のスター経営者の一人、稲本健一氏率いるゼットンを傘下に収め、グループ年商は400億円になりました。松村さんは『熱狂宣言』（小松成美著、幻冬舎刊）で若年性パーキンソン病を告白し、その経営者としての生き様に称賛の声があがっています。かつて、一緒に徳島を旅したときに、「100業態1000店舗の先は、売上げ1000億円の世界一のエンタメ企業を目指す」と夢を語っていました。

私が飲食業界に足を踏み入れて16年が経ちます。多くの飲食企業の栄枯盛衰を見てきました。そして多くの飲食店経営者を取材してきました。飲食トレンドはどんどん変化し、マーケットはどんどん進化しています。そうしたなかで、次から次へと新しい企業も生まれ、経営者もデビューしてきます。この9月に東証マザーズに上場した「串カツ田中」の貫啓二社長もその一人です。「フードスタジアム」

で業界初の取材に応じたのが2012年5月です。それからわずか4年半でのスピード上場です。

私の楽しみの一つはこうした〝大化け〟する原石を探し、追いかけることです。これからもマーケットに価値をもたらすような独創的なコンテンツを発信し、新しいビジネスモデルを構築していく企業や店舗、経営者を発掘し、その成長のプロセスを追いかけていきたいと思います。

いま飲食業界は、「外食崩壊！」と言われるような大転換期にあります。この本は、そうした激変するマーケットの動向を私なりに大胆に分析し、新しい時代の到来を業態トレンドの予測とともに描いてみました。このままでは「大手チェーンの崩壊」は避けられません。外食の未来への扉を開く鍵は実は「個店」のなかにあります。そして、いま進化を続ける飲食マーケットから学ぶべき経営やビジネスのヒントを一つでも見つけていただけたら、望外の幸せです。

目次

佐藤こうぞう
仕事の信条

1 行動は野蛮に、思想は高邁に

2 勘とネットワークとフットワーク

3 経営者と共に遊び、共に悩み、共に学ぶ

第一章

「繁盛店」のつくり手たちに学べ

～大きな波を起こすのは、いつも小さな「個店」である～

TOKYO FOOD NEWS ONLINE

FOOD

STADIUM

「ブーム」と「トレンド」は違う

私がテーマにしているのは、飲食、外食ジャンルにおける「マーケットトレンド」「業態トレンド」、そして「フード&ビバレッジ（ドリンク）トレンド」です。「トレンド」と言うと、「流行りを追うなんて危険！」「ブームは必ず終わる！」とすぐに批判する人がいます。しかし、「トレンド」と「ブーム」は違うのです。「ブーム」には必ず仕掛人がいて、メディアの煽りに乗って一時的に火がつく現象で、鎮火するのが早い。それは、芯や根や軸がないからです。この「ブーム」を追うのは確かに危険です。

私が「トレンド」を重要視するのは、そこには目に見えない底流があり、さらにその奥には、時代的な歴史的な社会的な要因＝芯、根、軸があるからです。トレンドは時代のニーズの変化。ブームは一過性の現象と言ってもいいでしょう。目に見える流れ＝トレンドは空気や風と似ていますが、その本質を見抜く力が必要なのです。

私は、芯のある、根を張った、軸のしっかりした「トレンド」を〝軸トレンド〟、一過性のものを

〝波トレンド〟と呼び、〝軸トレンド〟すなわち時代を切り拓き、社会にイノベーションをもたらすものこそ、大事なトレンドだと考えています。〝軸トレンド〟は、小さな変化の集合体であることが多いです。飲食トレンドで言えば、同時多発的に新しい業態が生まれてくるときがあります。毎日、飲食店のニューオープンをリサーチしていると、そういうセレンディピティ（偶然と見えて実は必然的な現象）に気付くことがあるのです。それに出会うと、私の〝センサー〟がピピッと鳴るのです。

最近では、「熟成肉」がそうでしたし、「地酒純米酒」や「クラフトビール」がそうでした。私はジャーナリスト出身ですから、常に「いま、なぜ？」と考える癖があります。「いま、なぜ熟成肉なのか？」。例えば、そう考え始めたとき、熟成肉についていかに自分が無知だったかを知ることになります。そして、熟成肉に関するあらゆる情報を調べます。熟成肉の専門店はもちろん、熟成肉生産者、熟成肉に関する本、熟成肉の専門家の解説や意見…ｅｔｃ.。そして、「いまの飲食店、これからの飲食店にとって、熟成肉はどうあるべきか？」と考えます。飲食店のコンテンツとして定着させることが私の最終的なミッションですから…。

「トレンド」をバカにしてはいけません。トレンドは時代の変化、人々の空気を映す鏡。それを無視して、いまの消費者を満足させる店はつくれません。「トレンドの本質を知ること」こそ、うつろいやすい時代、人間を相手にする飲食ビジネスのキモではないか、私はそう確信しています。映画やテレビ番組をつくるときに、時代に合ったシナリオやキャストを使うのと同じです。まずヒットさせて、波を起こさないことには何も始まりません。

「波を起こす」には…

では、どうやったら、軸となるようなトレンドの波を起こすことができるのでしょうか？ 組織のバックを持たずに東京都知事選挙に圧勝した小池百合子は、テレビキャスターが「風を読むのがうまいと言われますね」と水を向けると、「読んでいるわけではなく、風をつくっているんです」と即座に答えました。「風は読むものじゃない。風はつくるもの」、こういう気概を持つことがまず大事です。

この「波を起こす」「風をつくる」ということに成功した事例をいくつか紹介しましょう。東京・神田に「ヴィノシティ」というワイン居酒屋がオープンしたのは2011年1月、まさに東日本大震災の直前でした。震災を乗り越えた4月頃、私はこの店を初めて訪ねました。神田駅の周辺は飲食店が密集していますが、「ヴィノシティ」が出店したエリアは飲食店がほとんどない寂しい場所です。しかも地下1階。1階の専用階段脇にワイン樽を置き、立ち飲みもできますが、なかなか入りづらい店でした。

当時はまだメディアの露出もなく、私（「フードスタジアム取材班」）がほぼ初めての取材となりました。この店は、オーナーの藤森真さんはじめ4名のソムリエが立ち上げました。店名の「ヴィノシティ」は〝ワイン好き〟という意味。時代はワインをがぶがぶ飲む〝がぶ飲みワイン〟、スペインバルから波及した〝ワインバル〟というトレンドの風が吹き始めていました。彼らはその風を鋭くキャッチ。ソムリエ軍団ならではのセレクトワインを居酒屋のようにリーズナブルでカジュアルに提供していこうというコンセプトを軸にし、料理はフレンチベースですが、フライドポテトを取り入れたり、フォアグラを安く出したりしていました。

なかでも、サプライズだったのが「こぼれスパークリング」です。シャンパングラスにスパークリングワインをこぼれるすれすれまで注ぐのです。お客さんは「キャーッ！」と言って喜びます。値段はしかも600円とお手頃。これがウケました。たちまち評判となり、メディア取材も殺到、その波は全国に広がることになります。ある大手ビールメーカーは、枡酒の枡にこぼれスパークリングを乗せて、本当にワインをこぼしてしまう「こぼれますスパークリング」を開発して、飲食店向けにセールスしたほどです。藤森さんは「ソムリエの世界では御法度な注ぎ方です。でも、これをフックにワインの世界に一人でも多くのお客様が入って来てほしいと思います」と、当時語っていました。

藤森さんは、その後、「ロゼワイン」を軸とした「ヴィノシティ マジス」、ワインの販売と角打ちの「ヴィノシティ ドミ」、初の大型商業施設出店となる「ヴィノシティ マキシム」(三井不動産のコレド室町)を展開。ワインスクールも開校し、銀座に高級店「チェナクルーム」もオープンしました。藤森さん自身は、ワインの普及啓蒙活動として、いまや講演が中心になっています。がぶ飲みワイン、ワインバルというトレンドを味方につけ、こぼれスパークリングをフックに波を起こすという彼らしいやり方で店を拡大し、自分のミッションである「ワインの普及啓蒙」を社是にして会社(シャルパンテ)も急成長を遂げました。

こぼれスパークリングというワインの提供法でカテゴリーを崩し、ブレイクスルーした結果、「トレンドを普遍的なものにした」と言っていいかもしれません。

「トレンドを普遍的なものにする」

もう少し、例をあげておきましょう。「ヴィノシティ」とほぼ同じタイミングの2011年2月にやはり新橋と虎ノ門の間という不便な場所にオープンした「クラフトビアマーケット」。いまでこそクラフトビールは大きなトレンドとなっていますが、当時はマニアックな店しかありませんでした。値段も1パイント900～1200円と高く、「苦くて高いビール」と一般のお客さんには浸透しないと見られていました。そこに波を起こしたのが、この「クラフトビアマーケット」でした。オーナーの田中徹さんは、まだ30代前半。ビジネス街で立ち飲みワインバルを展開していた会社から独立、いきなり初めてのクラフトビール専門店を開業したのです。

店は、外見がコンクリート打ちっぱなしでスタイリッシュ。国産を中心に外国産も含めた30種類のクラフトビールがグラス480円から楽しめる。カウンターバックの壁面に取り付けた「タップ」と呼ばれるミニサーバーが30個も並ぶさまは、まさにクラフトビールらしいこだわりとライブ感、そしてオシャレ感を醸し出していました。クラフトビール専門店でありながら料理も充実させたビール専門店×バル＝〝ビアバル〟というスタイルを業界で初めて打ち出した店です。最大のポイントは480円均一という値段。言ってみれば、閉鎖的だったそれまでのクラフトビール業界に〝価格破壊〟を仕掛けたわけです。

これならいろんなビールを楽しめます。高いから飲まないという層を一気に引き寄せることができました。「クラフトビアマーケット」の登場で、クラフトビールがぐっと身近になったと言ってもいいと思います。まさに風をつくり、トレンドを普遍的なものにした例の一つです。

「クラフトビアマーケット」（会社はステディワークス）はその後、神保町、淡路町、三越前（室町コレド3）、高円寺、吉祥寺、仙台国分町、東京大手町と次々と店を広げています。店ごとに料理のジャンルが異なり、クラフトビールとのペアリング料理を提案しているのもユニークです。田中さんは、「次はビールをつくりたい。ブリュワリーをつくる予定です」と夢を語ります。

〝価格破壊〟によってブレイクスルーした例は、ほかにもあります。「おいしいけど、高価」というイメージがあった「熟成肉」（ドライエイジング）をカジュアルに提供して大ヒットした店が、2011年10月にオープンした東京・中野の「ツイテル！」でした。「200グラム1480円！」で自家製熟成肉ステーキを提供。店の入り口に構えた幅3メートル、高さ2.3メートルの大きな熟成庫には、熟成中の牛、豚、鹿肉が塊のまま、時間経過ごとに並べられています。そのダイナミックな熟成庫を擁した「ツイテル！」には、オープン以来、全国の飲食店関係者から視察来店が相次ぎました。同店を経営するガオスの鈴木潤一さんは、「まだ日本で認知されていない熟成肉に興味を持ちました。熟成肉をメインに、気軽に楽しんでいただけるビストロ＆ワイン酒場というコンセプトで開店しました」と、当時話してくれました。

この「ツイテル！」も物件は必ずしも好条件ではありませんでした。中野駅北口、飲食店密集エリアのど真ん中ですが、2階の57坪115席という広さです。テナントがくるくる変わり、何をやってもダメという烙印を押されていた物件だったのです。

それがいまや〝熟成肉の聖地〟と呼ばれるほどの人気店に。「ツイテル！」のヒットの要因は、熟成肉トレンドが起き始めたタイミングで、価格破壊を仕掛けたこと、店内熟成という試みをしたこと、そしてワインバルトレンドを踏まえて「ワインと熟成肉」というペアリングを強く打ち出したことです。

「ツイテル！」はその後、日本酒と熟成肉を打ち出した和の熟成肉ビストロ「ツイテル 和」（ツイテルワ）を同じ中野駅北口にオープンしました。日本酒が軸トレンドとして大きな波になり始めた2014年5月のことです。この店ももちろん大ヒット、いまでも予約が困難な店になっています。

勝ちパターンの条件

「ヴィノシティ」「クラフトビアマーケット」「ツイテル!」、この3店舗はたまたま東日本大震災の年、2011年に誕生しています。当時は、ほとんどのメディアは注目していませんでした。私自身も「フードスタジアム」でオープン時に取り上げたものの、まさかここまでブレイクするとは思っていませんでした。しかも5年を経たいまでも人気は続いています。飲食店は起業して2年で5割が、3年で7割が廃業してしまうという統計があります。初期投資を回収できるのが早くて3年です。7割もの店が回収もできずに潰れてしまう業界なのです。そのような厳しいマーケットのなかで、5年続くというのは立派なことです。しかも、ずっと業績を伸ばしているという彼らは評価されるべきだと思います。

彼らに共通する勝ちパターンの条件とは何でしょうか。私は次のように分析しています。

1　軸トレンドの波頭をとらえながら、自分たちがやりたいビジョンとミッションを明確に持っていること

2　フックとなるメニュー（ドリンク）コンテンツをしっかりと確立していること

3　業界の常識を破り、価格破壊を仕掛たこと。新しいお客さんを呼び込むことに成功したこと

彼らの勝ちパターンは、この3点ではないでしょうか。私はこれら3人の経営者とは親しくさせてもらっていますが、人間的にも魅力的な人たちで、アンテナが高く研究熱心で、時代の半歩先を読みながら、人とは違うことを常に仕掛けていくタイプです。

ここで、「業態」と「進化」という言葉について、整理しておきたいと思います。これらも、飲食ビジネスではよく使われる用語です。「業態」とは何か。それは、和食、フレンチ、イタリアン、そば・うどん店といったどんな料理を売るかというジャンルを指す「業種」と区別して、どんな売り方をするのか、あるいはどんなコンセプトで店づくりをするのかを表す言葉です。例えば、フレンチの業種のなかでも、最高級店を指す「グランメゾン」から、一般的な高級店の「レストラン」、カジュアルポジションの「ビストロ」、普段使いできる居酒屋ポジションの「ブラッセリー」、そして最もカジュアル使いできる「バル」や「カフェ」まで、さまざまな業態があります。イタリアンでも、高級な順から「リストランテ」「オステリア」「トラットリア」「バール」と業態が分かれます。和食はさらに複雑です。「料亭」「懐石」「割烹」「寿司」、さらに食材別に「ふぐ料理」「うなぎ料理」などの専門店があります。カジュアルな業態では「居酒屋」「大衆割烹」「大衆酒場」「立ち飲み」なども業態と言えます。

飲食マーケットを見ていく場合、これらの業態をしっかりと区分けして、それぞれの特徴を把握しておくことが大事です。客単価（一人当たりのお客さんの予算）や客ターゲットでいくつにも枝分かれし、専門化しています。近年、この「業態の専門化」が一つのキーワードになっています。そして、「業態」は時代とともに、トレンドとともに「進化」していきます。この「業態の進化」という言葉はとても大事です。私は2000年から飲食業界を取材してきましたが、まさにそれは「業態の進化を眺めてきた」と言っていいと思います。例えば、先の例にあげた「ヴィノシティ」はフレンチの業種ですが、「ビストロ」でも「バル」でもなく、「ワイン居酒屋」です。バル以上ビストロ未満の客単価ですが、それは和食ジャンルの「居酒屋」業態から営業スタイルを取り入れた〝進化系業態〟と言えます。

飲食店ビジネスで勝つためには、この「進化」がキーワードです。時代の先を読んで、「業態を進化させること」がトレンドをつくる力となるわけです。勝ち組の飲食店オーナーに共通することは、「業態を進化させる力」を持っていることなのです。

業態を「進化」させよ！

ここで気をつけなければいけないのは、進化させた「新業態」が仮に大ヒットしても、それが長く続かなければ意味がないということです。業種は寿命がありませんが、業態は寿命があります。かつては、「業態寿命」が5～7年と言われていました。いまは5年を切り、〝業態寿命3年説〟まで出てきています。トレンドの移り変わりの速さはインターネット社会、そしてSNS（ソーシャルネットワークシステム）の発達によって加速し、業態寿命が極めて短くなってきていることは否めない事実でしょう。

また、一つの業態がヒットすると、同じような業態が次から次へと出てくるのも飲食業界の常です。看板やメニューまでそっくりという〝TTP〟（徹底的にパクる）という用語が業界にあるぐらいですから。一時、「低価格均一居酒屋」という業態が流行ったことがあります。270円、280円、300円とさまざまな均一居酒屋が誕生し、街にあふれかえりました。2008年9月のリーマンショックの後のデフレ不況にダメ押しが入った時期です。当初は大ヒットしましたが、同じような居酒屋が増え、結局〝安かろう悪かろう〟というイメージが広がってしまい、共倒れに終わりました。残ったのは均一居酒屋が出てくるずっと前から280円均一の焼鳥店を展開していた「鳥貴族」だけです。安かろう悪かろうではなく、280円にしてはクオリティが高いという評価が定着しているからです。その「鳥貴族」を真似た店も出てきて、問題になっていますが。

私が出版社に勤めているときによく聞かされたフレーズがあります。

「ベストセラーより、ロングセラーを狙え！」

これは飲食店ビジネスでも同じです。飲食店の収益は、償却（初期投資の回収）が終わる3～5年目からが経営の安定期に入ります。開店1年間で大ヒットを飛ばしたとしても、2年目、3年目に売上げが下がり、赤字にでもなろうものなら、一貫の終わりです。よくある例が、開店後のオープン景気で3ヶ月は絶好調でスタートしたものの、半年後には失速し、そこから赤字にしないために原価や人件費を削り、そのあげくお客さんから見放され廃業の道をたどるケース。逆に半年間は赤字覚悟で店を磨き上げ、1年目から徐々に売上げを伸ばし、長く黒字経営を維持しているケースもあります。まれに、開店から〝ロケット発射〟のように、ヒットを続けているという超繁盛店もありますが、そう簡単ではありません。ヒットを狙いに行くのはいいですが、そのあと長く売り続けられるかどうかをしっかりと設計しなければなりません。ロングセラー経営こそ、繁盛店づくりのセオリーです。

「繁盛店」とは何か？

ところで、よく耳にする言葉ですが、「繁盛店」とは何でしょうか。いろんなコンサルタントや業界専門誌の方々が「繁盛店」について書いていますが、私の基準は、以下の3点を見るようにしています。

1　月坪売上げ（店舗面積の坪単価月商の額）

2　営業利益率（売上げに対して償却前にいくらの利益が出ているか）
3　投資収益率（Return On Investment：初期投資を何年で回収できるか）

もちろん、数字に見えないお客さんの満足度や空気感、従業員のサービスのクオリティなどもトータルで評価しなければいけませんが、最低限押さえておきたい数字はこれだけです。しかし、この数字がどんなに良くても、回転率を重視するあまり居心地が悪かったり、利益率を無理に上げるために原価や人件費を削っていたりしてないかチェックします。ただ、さまざまな業態、コンセプト、物件の条件によってもこれらは異なるので、「その店がやりたいことをやって、なおかつ数字がいいかどうか」を最終判断にするようにしています。例えば、立ち飲み店は回転してこそ活気が生まれますし、「あえて接客はツンデレに」とかドリンクをセルフサービスで提供している繁盛店もあります。「店がやりたいことをやって、結果として月坪売上げも営業利益率も高いという店が、真の「繁盛店」だと思います。

それから、飲食店ビジネスを分析する場合に大事な数字があります。「FLR」コストです（次ページ図1参照）。Fはフード&ビバレッジコスト（原価率）、Lはレイバーコスト（人件費比率）、

図1　FLRコストの目安

そしてRはレントコスト（家賃比率、ランニングコストとして固定諸経費を入れる場合もあります）。Fは通常30～35％、Lは25～30％、そしてRは7～12％でしょうか。一般的にFL（原価＋人件費比率）で55～65％、あとR（家賃比率）が最大12％で電気代、水道代、その他諸経費、消耗品費などを加算すると営業利益20％を残すのが至難の業です。通常、営業利益は10％程度、15～20％ならかなり優秀と言えるでしょう。いまは食材原価も人件費も上昇してきているので、飲食店経営で利益を出すのはどんどん難しくなってきているのが現状です。

では、月坪売上げをいくら上げれば「繁盛店」と言えるのでしょうか。私の基準は、固定費の家賃との比率で考えます。家賃が坪2万円なら、月坪売上げが20万円は必要です。家賃比率が10％だからです。できたら、家賃比率を7％まで下げたいところです。そのためには坪売上げが28～29万円必要です。同様に、坪家賃3万円の物件の場合、家賃比率を7％に抑えるには月坪売上げが42万円以上必要です。ですから、20坪の物件で、私は坪家賃が2万円（月家賃40万円）なら月商600万円、坪家賃が3万円（月家賃60万円）なら月商850万円が必要だと言っています。したがって、坪家賃3万円以上の物件を借りて開店して売上げがそこそこ上がっても、「繁盛店」と判断するのは気がはばかられます（次ページ図2参照）。

図2 「繁盛店」の月坪売上げ

$$\text{繁盛店の月坪売上} = \frac{\text{月坪家賃}}{\text{家賃比率}}$$

月坪家賃2万円で家賃比率7％の場合

$$\text{約28万円} = \frac{20{,}000}{0.07}$$

私のまわりには、「超繁盛店」と言われる店を経営している飲食店オーナーが何人もいますが、彼らに共通しているのは、「いかに安い家賃の物件を借りるか」を真剣に考えていることです。どんなに好立地であっても高い家賃の物件には、飛び乗りしません。だいたい1万5000〜2万円台前半までです。この範囲の家賃の条件で、20〜30坪の物件を借ります。そして月商1000万円を超える売上げを叩き出すのです。家賃比率は7％どころか5％を割ることさえあります。

「超繁盛店」のつくり手たち

そんな「超繁盛店」をいくつも展開している会社にベイシックスがあります。社長は〝居酒屋の神様〟宇野隆史氏率いる楽コーポレーション出身の岩澤博さん。業界では〝ガンさん〟という愛称で親しまれており、全国に彼を慕う飲食店オーナーも少なくありません。業態は博多串焼きを軸に、「てやん亭」「ジョウモン」「ミートマン（肉男）」などを展開しています。ガンさんは、「店づくりは人づくり」をポリシーに、活気と色気のある居酒屋繁盛店をつくり続けてきました。物件は悪立地でも、とにかく家賃の安い物件を借ります。そして、しっかりとスケルトンから内装をし、自分の表現したい店の空間をつくります。店の玄関には看板はありません。わざと目立たないような小さなサインを置く。あえて隠れ家を演出することによって、「わざわざ行きたい」というムードを醸し出す作戦です。そして、ひっそりとオープンして、時間をかけてオペレーションを完成させます。数ヶ月後には満席、回転が続く繁盛店が生まれます。

ガンさんの店については、後の章でも触れますが、「1店舗売上げ1000万円、年商1億円を超えないと商売としてはつまらない。ウチはそれをいつも基準に店づくりをしています」。だいたい20〜30坪の広さです。月坪売上げ50万円超えは当たり前のヒットメーカーです。

悪立地といえば、東京・池袋に2011年6月オープンしたオリエンタルビストロ「アガリコ」も飲食店経営が難しいと言われる西口の風俗街エリアに出店しながら、開店当初から20坪1100〜1200万円、常時月坪売上げ50万円超えという売上げを叩き出し続けています。卒業生には繁盛店ヒットメーカーが多いとされるグローバルダイニング出身者の大林芳彰さんの独立1号店です。〝アジアの旨いものを集めた〞というコンセプト。バリスタイルで、オープンエアの店は朝まで営業し、時間帯によって異なる客層が4回転するという。この店も5周年を過ぎ、ロングセラー繁盛店の仲間入りを果たしました。現在、直営店2店舗のほか、フランチャイズライセンス店を国内はじめ韓国にも展開、ハワイ直営店も出店しました。

同じグローバルダイニング出身者のジリオン、吉田裕司さんも飲食業界で注目されている繁盛店メーカーです。2013年に吉田さんが独立1号店としてオープンしたのは「大衆ビストロ　ジル」でした。目黒駅前の昭和の風情が残る雑居ビルの飲食街。しかも地下の立地。決して好物件とは言えません。そこに吉田さんは、「大衆酒場のように、お酒が飲めて、みんなでわいわい楽しんでもらえる空間で、美味しいビストロ料理が食べられる店、〝大衆酒場のビストロ版〟をつくりたかった」のです。本格的なフレンチを経験しているシェフがつくる本物のビストロ料理を大衆酒場価格で提供しました。たちまちヒットし、20坪で月商1400万円を叩き出す大繁盛店となり、業界を震撼させました。クオリティの高い料理、サービスを安価で提供する「ハイクオリティ・カジュアル」の軸トレンドにドンピシャとハマり、大ブレイクしたわけです。その後、3店舗を増やし、2016年7月には初の商業施設出店となる「JB神田」という和のビストロをオープンしました。

「マーケティング感覚」を磨け！

この章の最後に言いたいのは、繁盛店メーカーの経営者たちは、みなさん「マーケティング感覚が鋭い」ということです。

『熱狂宣言』（小松成美著、幻冬舎刊）というノンフィクションの本でパーキンソン病を告白しながら活躍を続けているダイヤモンドダイニング（DD）の松村厚久さんをかつてインタビューしたとき、彼はこう言っていました。

「お客様、世の中、トレンド、マーケット、立地などが、何を求めているか？　的確にニーズをつかむのがマーケティング力です。そのマーケティング力が一番強い外食企業が我々DDだと自負しています」

松村さんは、彼がディスコを経営する企業から独立して飲食店1号店である「ヴァンパイアカフェ」からの付き合いです。銀座を中心に大箱のエンターテイメント性の強い居酒屋の展開を始めて急成長、〝100業態100店舗〟というビジョンを掲げ、株式上場を目指して突き進んでいるときの発言でした。彼は、2007年に株式上場を果たし、2010年に100業態100店舗を達成しました。その後は一時伸び悩む時期もありましたが、自身の病気をも乗り越えながら業績を伸ばし、2014年には東証一部に昇格しています。

飲食ビジネスに欠かせない〝マーケティング感覚〟は時代の変化を感じ、ネタを取ってフィルターにかけて、未来に対して問題提起や企画を投げ込んでいく〝ジャーナリスト感覚〟と通じるものがあります。私はジャーナリストの端くれとして、「言葉」（キーワード）を大事にしてきました。それは刃物と同じで、ときに人々を傷つけたこともあります。

「キーワードとバズワード（流行語）」

本質と流行と言ってもいい。流行は時代の流れであり、本質はその流れの底流に潜んでいます。その本質を抉り出すことが私のミッションです。その本質を表現するキーワードを見つけるのが楽しいのです。「不易流行」とも言います。絶対的に変わらないものと、変わりゆくもの、それは同居しているということです。軸をブラさず、時代の流れには敏感であれ、トレンドの本質は逃さず取り入れよ。それこそがマーケティング感覚だと思うのです。

そして、「エンゲージメント（engagement）」というマーケティング用語も重要です。組織と個人が自己実現のために共通のベクトルを進むとか、商品・サービスに対して消費者が〝心の絆〟を感じるまでにのめり込ませることです。経営側から言えば、社員やお客さんのマインドを取り込み、絶対的なファンにしてしまうこと。社員やお客さんから言えば、その組織や商品・サービス（飲食店ならお店）に惚れこんで、のめり込んでしまうこと。

双方が活きるエネルギーあふれる世界をつくりあげるということです。「繁盛店」は、常にそうしたエネルギーに満ちあふれていると思います。

良い食材をコストを抑えて提供することが
超繁盛店への一番の近道だ！

第二章

外食マーケット「大転換期」がやってきた！

～歴史はいつも原点回帰しながら、前に進むものだ～

TOKYO FOOD NEWS ONLINE

FOOD

STADIUM

「大手チェーン店の終焉」

この章では、これからの「外食マーケット」がどう動くか、私なりに大胆な予測をしてみたいと思います。マーケットの先を読むには〝3つの目〟が必要です。「鳥の目」「虫の目」「魚の目」です。

まず、鳥の目です。いまがどういう時代なのか、マーケットの構造がどう変わってきているのか、それを〝鳥瞰〟してみたいと思います。

日本の飲食店の店舗数を知っていますか？　２０１２年の総務省の統計（経済センサス活動調査）では57万5０００店です。この調査は約5年ごとに行われていて、実は１９９６年のときは83万6０００店ありました。これ以降、毎回調査するたびに減ってきて、ついに60万店を割ったわけです。次の調査の２０１７～２０１８年頃にはもっと減っているかもしれません。

これは、長く続いた不況のせいもありますが、最も大きな要因は日本の人口そのものが減ってきていることにあります。また、若者がお酒を飲まなくなったことや、飲酒運転の罰則強化などによって、アルコールを出す居酒屋やバーが減っていることも大きいと思います。あとは、最近少し景気が戻ってきたために、人材が飲食店から逃げ出しています。〝ブラック企業〟というイメージも重なって、飲食店が人材難に陥っているのです。「人がいないから店を閉じる」「店を増やせない」というケースが増えているわけです。

もう一つ、大きな要因があると私は思っています。それは、日本の高度成長とともに伸びてきた「大手外食チェーン店」がいまやお客さんに受け入れられなくなってきたことです。外食チェーン店の業界団体である日本フードサービス協会が発表している外食産業の市場規模は、1997年の29兆円をピークに現在、23兆円台にまで落ちてきています。外食業界ではいま「シュリンク（市場縮小）」という言葉がキーワードになっています。椅子取りゲームのように、縮小していくマーケットのなかで激しい消耗戦が展開されているわけです。

大手チェーン店は原価、人件費、家賃管理（FLR管理）が徹底されており、効率的な店舗運営（オペレーション）やローコストの食材調達（MD、マーチャンダイジング）が優先されます。キッチンはできるだけコックレス、ホールサービスはアルバイトで回し、食材はセントラルキッチンや工場で製造された加工品や冷凍食品が中心になります。その結果、均一で安いメニューを提供できますが、いまのお客さんは生産者の顔の見える食材や、手づくり感のある料理、マニュアルに縛られない人間味のあるサービスを求めています。「お腹を満たすだけのチェーン店には行きたくない」というお客さんが増えてきているわけです。安い、便利なだけなら、コンビニに行くというお客さんも多いのです。

大手チェーン店すべてが魅力を失ったわけではありませんが、大きなトレンドとして、「チェーン店の終焉」ということを私は講演で話したり、コラムに書いたりしています。日本にチェーン店のシステム(チェーンオペレーション)が米国から入ってきたのは1970年代です。1970年3月に開催された大阪万博あたりから、一気に外食チェーン店の1号店がオープンします。

・1970年7月、「すかいらーく」1号店(東京・府中市)
・1970年11月、「ケンタッキーフライドチキン」1号店(名古屋市)
・1971年7月、「日本マクドナルド」1号店(東京・銀座)
・1972年3月、「モスバーガー」1号店(東京・成増)

一方、居酒屋チェーンは1950年代に「養老乃瀧」が生まれ、1969年に「天狗」(テンアライド)、1973年に「村さ来」「つぼ八」「北の家族」が創業。「つぼ八」のフランチャイズ店(FC)からスタートしたワタミが登場してくるのは1984年です。

これらのチェーン店は1973年のオイルショックを機に、日本経済が成長期から成熟期に移行したのに伴い、サラリーマンやニューファミリーの外食需要に応えて急成長を遂げるわけです。駅前の一等地にもローカル都市のロードサイドにも「マクドナルド」「すかいらーく」「和民」など大手チェーン店の看板が氾濫し、どこの地方都市も同じような光景に染まりました。

しかし、いまは「すかいらーく」がなくなり、「マクドナルド」「和民」という大手外食チェーンを代表する企業が店舗を減らし、赤字を垂れ流し、〝ブラック企業〟批判にさらされています。「チェーン店の終焉」という言葉が大げさではなく、現実味を帯びてきたといえるのではないでしょうか。あらためて、なぜ日本マクドナルド、ワタミの凋落が止まらないのか？ 大手チェーンがなぜ失敗したのかをここでまとめておきたいと思います。

「価格」から「価値」へ、「チェーン」から「個店主義」へ

それには、以下の5つの要因があると考えます。

1 「低価格」軸の商品戦略が限界（コンビニの優位性）
2 「食の安全・安心」に敏感になった顧客のチェーン店離れ
3 「ブラック企業」イメージの会社から人が逃げていく
4 「効率至上主義」のチェーンオペレーションが評価されなくなった
5 根本的な改革、大胆な「イノベーション」ができない

このように、ファストフードも居酒屋チェーンも、そしてファミリーレストランも、これまでの業界の常識が通用しなくなり、企業のあり方（理念、ミッション）から、マーケティング、MD、労務管理にいたるまで、すべてにおいて既成概念の打破とイノベーションが問われているのです。外食チェーンは大きく経営の舵を切る時期にきたのだと思います。

いま外食マーケットは〝構造的大転換期〟に入ったのだと私は見ています。構造的大転換期とは何か。以下の４つの変化をあげたいと思います。

1 「価格」から「価値」へのパラダイム転換
2 「チェーン主義」から「個店主義」へ
3 「効率主義」から「クラフト（手づくり）」へ
4 1960年代への回帰（食堂、大衆割烹、小料理屋、炉端、酒場、バーなど）

これらを一つずつ解説していきましょう。

まず1の「価格」から「価値」へのパラダイム転換についてです。長く続いたデフレのなかで、外食企業はとにかく低価格競争に走りました。「100円マック」「牛丼値下げ戦争」「300円均一居酒屋」などの消耗戦を繰り広げたのです。その結果、安かろう悪かろうの商品メニューが氾濫し、顧客離れが起きることになりました。

それが2の「チェーン主義」から「個店主義」へという変化にもつながるのですが、顧客はより価値観の高い個店やスモールチェーン（30店舗未満）へ足を向け始めました。居酒屋やバルで言えば、客単価3000円台で4000～5000円の価値を感じるような「価格を超える価値」を提供できる店に人気が集中するようになります。なかには原価率(通常30~35%)が50%を超えるようなキラーコンテンツメニューを売りにする店も出始めました。

その典型が、いま成長が止まってしまいましたが「俺のフレンチ」「俺のイタリアン」などを展開する俺の株式会社です。フォアグラやオマール海老といった高級食材を低価格で提供し、一時は全店行列が絶えないほどブレイクしました。これはブームで終わってしまいましたが、お客さんの「低価格高価値」志向はもう後戻りできないでしょう。

3の「効率主義」から「クラフト(手づくり)」へという変化も顕著な現象です。低価格競争のなかで生き残り、東証一部上場を果たした「鳥貴族」は、パートの主婦たちが店内で串打ちするという手づくりの仕込みスタイル。500店舗を超えたいまもそれを変えていません。また、チェーン店では珍しいことですが、「国産食材100%」を達成します。それをイメージして、お客さんは「トリキの焼鳥は安いのに旨いな~」と感じるのです。「塚田農場」を展開するエー・ピーカンパニーは一部上場企業まで成長しましたが、宮崎県日南市に自社養鶏場を持ち、生産と販売を一体化する仕組みで伸びてきました。これまで外食チェーンでは常識だった工場で大量につくった加工食品、冷凍食品を導入して原価を下げ、調理オペレーションを効率化するという安易なやり方が否定され始めてきたのです。

１９６０年代への回帰

そして、いささか大胆な見方と言われるかもしれませんが、いまは極論すれば、４の「１９６０年代への回帰」が問われているのだと私は分析しています。先ほど触れましたが、日本に米国型のチェーンストアが入ってきたのは１９７０年代です。つまり、それよりも前に戻って、業態づくりやメニュー開発を考えてみてはどうかということです。その頃、街には、そば、寿司などの専門店をはじめ、大衆食堂や大衆酒場、大衆割烹や小料理屋、炉端やスナック、そして喫茶店が点在していました。いま大衆酒場は女性からも人気ですし、喫茶店は「サードウェーブコーヒー」に形を変えて復活しています。

こうした日本に本来あったモノやコトから現代に通用する新しい業態を開発するという動きがこれから出てきます。いまのお客さんは意識するしないは別に、外食にそうした「個店」の良さを求めているのではないでしょうか。

いわば、「チェーン店」から「個店主義」への回帰現象が起きているわけです。マーケットが多様化、多面化し、飲食店も一人ひとりのお客さんにコンセプトやポリシーを訴求しなければならない時代です。もうマスの発想は無理で、小さなボリュームをピンポイントで攻めて、深堀りしていく必要があります。飲食も「マイクロトレンド」の時代に入ったわけで、それに対応するには個店主義に戻ることです。

チェーンオペレーションはこれから単一業態多店舗化のシステムではなく、マルチコンセプト多店舗化の手段にシフトしていくのではないでしょうか。もう「チェーン店だから」といった強みを訴求できる時代は過去のものになったということです。

これからは食材の値段も上がり、人件費も上がり続けます。労働集約型産業でコストが合わなければ、もう経営は成り立ちません。スケールメリットが活かせられない時代なのです。外食産業は〝恐竜の時代〟が終わって、これからは〝微生物の時代〟。細菌が細胞を増やして、自然発生的に増殖する、そんな原始生物の組成、進化に学ぶべきです。そして、強い細菌や細胞をどうつくるか、それがこれからのテーマになります。まさに「進化」の新しい歴史が始まったのです。

「イノベーション」で伸びるチェーン企業も

でも、チェーン店すべてが苦境に立たされているわけではなく、イノベーションで成長を続けている新興チェーン企業ももちろんあります。大手チェーンの隙間を突くニッチ戦略、ポジションシフト戦略で伸びている企業たちです。それらの例を見てみましょう。

・「エー・ピーカンパニー」（米山久社長）

〝生販直結〟の流通革命で急成長、創業は2001年ですが、メイン業態の宮崎地頭鶏（じとっこ）専門店を本格的に展開し始めたのが2006年。それから6年後の2012年にマザーズ上場、2013年には東証一部昇格を果たしています。宮崎県日南市に自社養鶏場を持ち、生産から加工までをてがけ、新鮮な自社生産の地頭鶏を提供するというのが売りです。代表店舗は「塚田農場」ですが、魚でもその手法を導入し、朝どれの鮮魚を売りにする「四十八漁場」も展開しています。2014年には農林漁業成長産業化機構より、「エー・ピー6次産業化ファンド」の第1号案件の承認を受け、6次産業化事業体への投資を実行しています。外食業界では、6次産業化の旗頭とされています。

私は同社が八王子の創業事務所近くで地鶏モデル1号店の「わが家 八王子店」をオープンしたとき、まだ30代前半の米山久社長といま同社の取締役企画本部長の里見順子さん(当時は米山夫人)に呼ばれ、いろいろアドバイスさせてもらいました。彼らは「東京に出て、これまでにない地鶏居酒屋を展開していきたい」と野心を語っていました。当時、高級店の地鶏料理はありましたが、客単価3000~4000円の居酒屋スタイルの地鶏の店はなく、その隙間を狙った戦略を打ち立てたわけです。自社生産することで、安心安全で、しかも安価な鶏料理が提供できると考え、養鶏場を立ち上げることから始めました。

「ありきたりじゃない外食企業を目指す!」。これが米山さんの口癖でした。いまや海外展開、M&A戦略で事業を拡大しており、これからも注目される〝新外食〟企業だと思います。私が見てきた経営者のなかでも、群を抜いたトップリーダーだと見ています。

・「ダイヤモンドダイニング(DD)」(松村厚久社長)
第一章でも紹介しましたが、これまでの外食チェーンは〝1業態1ブランド多店舗展開〟が常識でしたが、同社はそれを真っ向から否定し、〝100業態100店舗展開〟という常識破りの戦略で上場を果たしました。ただ、上場後は、業態を再構築し、松村さん出身の高知郷土料理をメインとする「わらやき屋」を軸に、子会社のゴールデンマジックが展開する「九州 熱中屋」、そしてM＆Aで傘下に収めたダーツ、ビリヤード、カラオケを主体とするアミューズメント店「バグース」も拡大しています。

松村さんは「エンターテインメントとデザインをクリエイトする1000店舗企業を目指す」と〝熱狂宣言〟を行っています。2016年9月に「ゼットン」（鈴木伸典社長、稲本健一会長）のTOBに成功、同グループを傘下に収めました。ゼットンの稲本会長は、いわば〝新外食〟を切り口に台頭してきた新興チェーンの経営者たちの〝兄貴分〟的な存在です。ハワイで両社が展開するレストラン事業でシナジーが生まれるほか、すでに〝稲本健一プロデュース〟のレストランもオープンしました。今後、「面白いこと、お客様が喜ぶことは何でもやっていこう」という松村さん、稲本さんのコンビが外食業界の〝台風の目〟になるかもしれません。

・「クリエイト・レストランツ・ホールディングス」（岡本晴彦社長）

三菱商事の外食支援チームから社内起業し、一大外食企業を育て上げた岡本さん。彼もダイヤモンドダイニング同様、〝多業態多店舗化（同社の言葉を借りればマルチブランド・マルチロケーション）戦略〟で伸びてきましたが、私がイノベーションポイントだと思うのは、東証一部上場後の２０１３年から推進している〝グループ連邦経営〟です。積極的に有力オーナーがいる企業をＭ＆Ａでグループ化して急拡大してきました。ユニークなのは、企業買収後も創業オーナーを活かして再成長させるという戦略をとったことです。普通は、買収すると創業者は棚に上げられるか、退任させられます。しかし、岡本さんは「買収した企業のブランドや企業文化を尊重し、マルチカルチャーを育てることに努める」とフードスタジアムのインタビューで語っています。創業者あってのブランドであり、企業文化だからこそです。

同社の連邦経営成功の代表例は、「磯丸水産」（ＳＦＰダイニング）です。ＳＦＰダイニングは旧サムカワフードプランニング。創業者の寒川良作さんは「鳥良」という繁盛店を生み出した名うての飲食店経営者。兄弟で創業したことで、後々のトラブルを避けるために企業売却したと言われています。私も何度かお会いしていますが、事業センスは抜群の人物です。彼に目をつけた岡本さんもさるものですが、見事に24時間営業の浜焼き業態「磯丸水産」はヒットし、ＳＦＰダイニングも東証第二部に上場を果たしました。

また、グローバルダイニング総料理長出身のイートウォークグループ（渡邉明社長）の買収も業界を驚かせました。渡邉さんは独立店舗、中目黒の「AWキッチン」で名前をあげ、丸の内の新丸ビルに進出、同時に野菜料理をメインとした「やさい家めい」の展開にも成功していました。そんな渡邉さんを私もずっとウオッチしていましたが、スターシェフとしての生き様は破天荒にも見られていたと思います。そんな個性的なオーナー経営者の企業に岡本さんは目をつけるわけです。これまでの外食チェーンでは想像がつかなかった買収劇だといまでも記憶に残っています。

「鳥貴族」快進撃の秘密

・「鳥貴族」（大倉忠司社長）

大阪発祥の〝280円均一〟の焼鳥チェーン。創業は1985年ですが、東京進出は2005年から。焼鳥はジャンボサイズ、焼鳥以外のフード、ドリンクもすべて280円。生ビールもプレミアムハイボールも、〆の釜飯もすべて280円です。総合居酒屋の「ワタミ」とよく比較されますが、メニューの7割は焼鳥であり、いわゆる「専門店型居酒屋」として伸びてきたのがイノベーションポイントです。客単価は「ワタミ」よりも1000円以上低い。しかし、ジャンボ焼鳥はすべて国産で、昼間に主婦のパートさんたちが串打ちするという手づくり感もウケました。店舗はビルの空中階に出店する戦略で、家賃比率を下げると同時に、出店スピードも加速していきました。空中階のほうが借りやすいからです。

一方、フランチャイズ展開は、11社1個人のみが加盟できる「鳥貴族カムレードチェーン（TCC）」方式をとり、一種の同志的結束で店舗展開をはかってきました。国産食材を使い、店内串打ちという外食チェーンにとっては、非効率なやり方がむしろお客さんに支持されたわけです。大倉さんは、私も何度かお会いしていますが、温厚で飾らず、いつも謙虚な方です。東証一部上場を果たし、500店舗を超えたいまでも、軸をブラさず「トリキイズム」を貫いています。素晴らしい経営者だと思います。

・「コメダ珈琲店」（臼井興胤社長）

創業は1968年と古く、モーニングコーヒーセットが有名な名古屋の個人経営の喫茶店の一つでした。まさに日本にチェーン店の仕組みが入ってくるタイミングの時期。当時の創業者はフランチャイズ展開を始めてある程度成功しました。2003年には関東進出、その後、同社が飛躍的拡大を遂げるのは、2008年にファンドが出資してからです。2011年には400店舗まで伸びました。2013年には韓国系ファンドが買収し、株式上場に向けてさらに拡大路線を突っ走りました。同社のイノベーションポイントは、〝シニアマーケット戦略〟で郊外型フルサービスコーヒーショップを展開したこと。〝ポストファミレス〟市場を獲得したと言えるでしょう。2016年6月には東証一部上場を果たしました。カフェチェーンは、スターバックスの成功に引っ張られながら、ファストフード型から高級のグルメコーヒースタイル、さらには北米から入ってきたサードウェーブコーヒーまで、多様化しながらマーケットを広げています。ファミレスが凋落するのとは対照的に、〝人が集まる場〟〝ノマド仕事をする場〟としてのカフェ機能のニーズが高まってきたことが背景にあると思います。

・「俺の株式会社」（坂本孝社長）

「俺のイタリアン」「俺のフレンチ」というブランドを軸に、割烹や中華、スペイン料理まで業態の幅を広げ、〝高級食材ディスカウント〟〝立ち飲み〟を展開。一時は売上げ30億円を突破しました。「高原価・高回転経営」はまさに「ブックオフ」の創業者である坂本さんらしいディスカウント小売業的な発想です。「高品質低価格」「ハイクオリティ・カジュアル」というトレンドを味方につけたものの、坂本さんのやり方は少し乱暴でした。高級レストランのシェフを好待遇で引き抜き、立ち食いスタイルで提供。原価率が60~80%というフォアグラやオマール海老などの高級食材料理を1200円台で提供。それを求めてお客さんは行列をつくりますが、目新しさが一巡すると回転率が下がり、利益が縮小してしまうというジレンマをかかえたまま走り続けてきました。

現在は、ほとんどの店に座席を置き、行列も途切れてしまった状態です。創業時の幹部や中枢のシェフも会社を去ってしまい、いまは迷走しながら株式上場を目指して体制を立て直しているところです。個性が強く、ビジネスにおいて勝負勘の強い坂本さんの功績は、原価率30~35%という外食業界の常識を破り、「高原価・高回転率経営」を打ち出したこと。原価率にこだわらずに、お客さんがサプライズするキラーコンテンツを強く打ち出したことは、全国の飲食業界関係者に大きな影響を与えたと思います。「価格以上の品質で勝負」という流れができたからです。その意味で、坂本さんもイノベーターだと言えるのではないでしょうか。

「大手チェーン」の逆襲が始まった！

外食業界はいわば戦国時代と同じで、常に熾烈な顧客獲得競争を繰り広げています。物件取得も言ってみれば〝陣取り合戦〟です。赤字になって撤退した大手チェーンの物件跡に新興ベンチャーの外食企業の店が出店するというのは日常茶飯事です。日本マクドナルドの創業者、藤田田氏が「外食企業は、勝てば官軍！」という有名な言葉を残しています。天の時（出店のタイミング）、地の利（物件）、人の和（人材）の三拍子がそろったとき、「勝利」は手に入ります。しかし、その一つでも失えば、敗退が待つシビアな業界でもあります。新陳代謝、世代交代がこれほど激しい業界はないのではないでしょうか。

新興ベンチャー企業がそれまでの大手外食チェーンの隙間をぬって、あるいは常識や定石を破って急成長した例をさきほど挙げましたが、まさに戦争です。大手チェーンも黙ってはいません。大手チェーンの逆襲が始まっています。

そのパターンは二つに分かれます。一つは、〝ちょい呑み〟マーケットへの参入です。吉野家が始めた「吉呑み」スタイルは、日高屋、てんや、サイゼリヤ、富士そば、最近は長崎ちゃんぽんリンガーハットにも波及してきました。それまで、ちょい呑みといえば、大衆酒場や立ち飲み居酒屋、バルなどで会社帰りに一杯飲むというのが定番でしたが、その市場を大手チェーンが奪いに行ったのです。私も昼飲み、ちょい呑みが大好きで、ときどき利用させてもらうのですが、食事だけのお客さんのまわりで飲んでいても居場所がなく、落ち着きません。スタッフも食事中心のオペレーションで疲弊していて、ちょい呑み客への歓迎の笑顔は少ないです。居づらくなってビール一杯だけで飛び出してくることになります。ファストフードの環境のままで、お酒としょぼいツマミを出されても、そこは「酒場」とは似て非なる世界だと私は思います。

であるならば、一歩踏み込んで、ファストフードだからこそできる〝ファスト酒場〟業態をつくってはどうでしょうか。東京・大門にオープンした力の源ホールディングスのグループ企業、力の源カンパニーの新業態「一風堂スタンド」はまさにそれです。お酒はビール、チューハイのほか、博多の酒販店がセレクトする「松の司」「東一」「美田」「新政」の日本酒4銘柄。しっかりと日本酒を楽しませるほか、料理は「博多ひとくち餃子」「パクチー餃子」から創業95年という福岡県八女市の豆腐店「豆藤」の「厚揚げ」、「丸天」といったこだわりの豆腐料理をそろえています。着席カウンター&

テーブル、スタンディング大テーブル&カウンターの空間は、全体的に幅を持ち、飲む人、食べる人、お互いの存在があまり気にならないのが素晴らしいと思います。

もう一つは、「個店主義」的な新業態、新ビジネスモデルをつくり、展開を始めたことです。まだ実験的な試みかもしれませんが、大手チェーンが続々と新業態で個店のマーケットに攻め込んできています。

ワタミは、専門特化型新業態としてマグロ料理の「ニッポンまぐろ漁業団」を新橋にオープン、鶏の唐揚げを主軸にした「ミライザカ」、焼鳥を打ち出した「三代目鳥メロ」などの多店舗展開を始めています。言ってみれば、総合居酒屋から専門居酒屋へのシフトです。まさしく「鳥貴族」をはじめとした専門店型の個店マーケットに逆参入したわけです。しかし、その3業態を覗いてみましたが、個店繁盛店のモノマネだったり、総合居酒屋のレベルを超えていないクオリティでした。厳しい見方をしますが、やはり根本的にオペレーションを見直さないと〝小手先いじり〟で終わってしまうのではないでしょうか。

2015年1月になると、中目黒には〝スマート・スシ・ダイニング〟をコンセプトに女子が一人でも気軽に立ち寄ることのできる新しいスタイルの寿司業態「ツマミグイ」がオープンしました。

回転寿司業態トップ企業のあきんどスシローの経営です。全面ガラス張りのファサードで、店内は白を基調にした空間。スタイリッシュで山手通り沿いのなかで一際おしゃれな雰囲気を放っていました。

メニューも彩りもあざやかな創作一口ロール寿司に、アラカルトで一貫からオーダーできる本格的な握り寿司、さらにサラダ、魚や肉のアラカル料理などもそろえ、ドリンクではボトルワインが赤白合わせ10種類にシャンパン、スパークリングワイン、発泡日本酒なども楽しめたのです。モダンデザインの白磁の器に載るスシや料理はポーションも控えめで、タパス感覚。まさに女子飲みを意識した展開でした。

基本的にはフルサービスですが、オーダーはタブレッド端末、タッチパネル操作を導入。ただ、空間に比べ料理のクオリティが負けてしまい〝割高感〟は免れない印象だったのは残念です。いまのマーケットは〝値段以上の価値〟を求めており、業態づくりの方向性が時代との逆行を感じざるを得ませんでした。

コロワイドグループのコロワイド東日本は〝Re Concept〟として「うまいもん酒場 えこひいき」を樽生ワインとシュラスコを打ち出した新業態「肉酒場エコヒイキ」へと変えました。居酒屋でシュラスコが出てくるのはびっくりですが、客前でスタッフがスライスして量り売りスタイルで提供します。こうした〝体験型提供〟も新しい流れの一つでしょう。

そして、最近の傾向として、空前の〝肉ブーム〟に乗ろうと、肉業態にシフトする大手チェーンも増えています。「日本海 庄や」の大庄グループは肉業態「RUMP CAP」「羊肉酒場 悟大」「旭日食肉横丁」といった新業態、横丁プロジェクトを始動しています。つぼ八グループは、〝牛タンと日本酒「ささ川」〟、ステーキ専門店の「ニューヨークステーキファクトリー」を展開しています。

「顧客価値」追求こそ未来への道

赤坂サカスの近くのビル2階に2015年4月に華々しくオープンしたのが「熟成焼肉 肉源」。経営は郊外型チェーンの焼肉店やラーメン店を展開する物語コーポレーションです。「『霜降りで柔らかく』より『熟成で柔らかく』」「『脂身の旨さ』より『熟成肉そのものの旨さ』」をテーマに、牛の赤身の熟成肉（40日ウエットエイジング）を焼肉スタイルで提供するという業態です。熟成肉ブームのなかで、本流のドライエイジングのステーキスタイルではなく、あえて焼肉業態でチャンレンジしたのが差別化のポイントです。

「虫の目」で外食企業がマーケットの最先端で変わりゆく姿を見てきました。このように飲食マーケットでは、いま大手チェーン企業が次々と新たな業態を出店し始めているのです。これまで〝数のマーケティング〟で飲食マーケットを牽引した大手チェーン企業。しかし、世代交代、時代の変革、価値観の変化、志向の多様化と、マーケットの傾向は大きく様変わりし、ニーズは個店的なスタンスの高価値化へとシフトしてきました。さらには新世代オーナーの多店舗企業も台頭してきており、これまでの〝守り〟のスタンスから、時代の先を読む〝攻め〟への切り替えが求められています。単なる〝逆襲〟ではなく、〝攻撃は最大の防御なり〟ということでしょうか。

最後に、「魚の目」でこれからの飲食ビジネスの潮の流れを予測してみましょう。見方を変えれば、ようやく大手居酒屋チェーンが「顧客価値」ということに気づき始めたということです。従来通りのFL管理にもとづく効率主義、マニュアルを押し付けた人材ロボット化という〝数〟を追う画一的な店舗拡大主義、店舗オペレーションが結局、自社都合であり、顧客に「自社価値」を押し売りし、顧客離れを促していたことがわかってきたということでしょうか。

これからマーケットは「顧客価値」重視に大きく転換していきます。SNS、スマホ時代の到来で、顧客サプライズやライブ感、シズル感、圧倒的なコスパ感というもの（コト）が瞬時に共有される時代。従来のフラットな満足感しか提供できないチェーン店の時代は終わりました。今回取り上げた各社の試みは、トレンドを追っている懸念があります（トレンドを追っている限り陳腐化も早い）が、その取組みの姿勢には期待したいです。「ブランドを守る」発想から、「個店的スタンスで高価値化を目指す」方向に舵を切ることが、大手チェーンの未来を拓くことになると思います。

第三章

飲食トレンドの変遷とマーケット構造の変化

〜「食」のあるべき姿と価値を求めてマーケットは進化する〜

TOKYO FOOD NEWS ONLINE
FOOD
STADIUM

『アリガット』の創刊

ここで、飲食トレンドがこの15〜20年でどう移り変わったかを整理しておきましょう。私がこの目で見て、取材を通して体験したことに即して述べていきます。私が飲食業界に足を踏み入れるきっかけになったのは、際コーポレーションの中島武社長との出会いです。中島さんから、

「佐藤さん、飲食雑誌をつくりたいんですが、一緒にやりませんか」

そう声をかけられ、私は際コーポレーションの関連会社に籍を移して、雑誌創刊の準備に入りました。1999年の暮れのことです。中島さんは当時、「紅虎餃子房」という店が大ヒットし、創業の福生市から東京目黒区の池尻に本社を移したばかりのときでした。

いまでこそ外食業界の有名カリスマ社長で知られる中島さんですが、当時は中華料理界の風雲児として、外食メディアにデビューが始まった時期でした。

「どうにも、外食業界の雑誌はアカ抜けないね。インタビュー記事とか、ねずみ色の背広に赤いネクタイを着けたオッサン社長が写真で出てくるの、あれ何とかならない？（笑）もっと、ファッション

読みたいな飲食に夢を抱かせ、華を与えるような誌面がつくれないものかね、佐藤くん。だいたい、君のファッションがイケてない！　その眼鏡とか靴とか、すぐに変えなさい…」

なんて、毎日言われながら、なんとか創刊にこぎつけたのが2000年6月でした。雑誌名は『アリガット』でした。コンセプトは「食はファッション！　食はベンチャー〜人、街、食のスタイルマガジン」です。飲食業界の専門誌でありながら、一般のグルメ好きの方でも読めるようなB to B to C雑誌にしました。この雑誌創刊の頃、ちょうどグローバルダイニング上場（1999年12月）で卒業した幹部たちが西麻布や恵比寿などでスタイリッシュなデザイナーズレストラン、カジュアルダイニングなどをオープンしたり、音楽と融合したまったり系のカフェがあちこちに増えたりしていました。名古屋からはゼットンの稲本健一さん、広島からはラヴ（その後、Jellyfish.→商業藝術と社名変更）の貞廣一鑑さんが東京進出し、カフェ・カンパニーの楠本修二郎さん、トランジットジェネラルオフィスの中村貞裕さんもカフェを仕掛け始めていました。彼らの〝デビュー舞台〟を『アリガットト』はつくりました。

また、中島さんのまわりには、スノッブな仕事仲間、夜遊び仲間たちが集まっていました。有名インテリアデザイナー、飲食プロデューサー、バー、レストラン経営者など。プラン・ドゥー・シーの野田豊さん、カゲンの中村悌二さん、いま商業施設プロデューサーとして活躍している柴田陽子さんも〝中島組〟でした。中島さんはいわば、こうした新しいアンテナと感性を持った飲食業界人をメディアを使ってデビューさせ、マーケットの流れを変えようという考え方のようでした。私もそれを察して、「新外食マーケット」を発信する雑誌だと自分の立ち位置を定義していました。

〝外食ビッグバン〟と「新外食」の流れ

「新外食」という用語は、私が初めて業界に向けて発信したキーワードです。米国型のチェーンストア理論に基づく既存チェーンを「旧外食」、１９９０年代から登場した旧外食チェーンとは異なる感性とカルチャーを有するグローバルダイニング（長谷川耕造社長）、際コーポレーション（中島武社長）、ワンダーテーブル（林祥隆前社長、秋元巳智雄現社長）、などの多店舗化企業群を「新外食第一世代」ととらえました。

そして、２０００年の『アリガット』創刊当時に取り上げたゼットンやラヴ（現・商業藝術）などは「新外食第二世代」です。グローバルダイニング株式上場を機に独立をした経営者たちも第二世代グループと言えます。稲本健一さん、貞廣一鑑さん、楠本修二郎さんらが東京マーケットの表舞台で活躍を始めます。恵比寿や西麻布、青山あたりにどんどんデザイナーズレストランが誕生します。まさに〝外食のファッション化〟が始まるのです。

「新外食」の第一世代と第二世代は〝街づくり〟にも乗り出します。時あたかも、東京都心部では大型商業施設の開発がスタートしました。2002年9月に丸の内ビル（三菱地所）、2003年4月に六本木ヒルズ（森ビル）が開業しますが、彼らは街場からそうした商業施設にも活躍の舞台を広げます。都心の大きな商業施設の〝顔〟として、オーナーが自由にクリエイティブな飲食スタイルを発信していく時代が到来しました。この2000〜2005年の5年間は東京のレストランシーンが華やかに盛り上がった〝第一次レストラン・バブル時代〟だったと言えるかもしれません。

そして、その主役を担ったのは「新外食」の第一世代、第二世代の経営者たちでした。遅れてきた〝第二世代〟のグローバルダイニング卒業生、HUGEの新川義弘さんも参戦、六本木ヒルズに巨大な「リゴレット」をオープンし、話題を振りまきました。それは言い方を変えれば、「旧外食」の時代が終わり、「新外食」の時代が始まる〝外食ビッグバン〟の象徴でもあったと言えるでしょう。

時代は巡って2007年、東京は映画『バブルへGO‼タイムマシンはドラム式』の主題歌に乗って、〝第二次レストラン・バブル〟を迎えます。3月に東京ミッドタウン（三井不動産）が、4月に新丸の内ビル（三菱地所）が開業します。しかし、この頃には東京のレストランマーケットは〝オーバーストア現象〟が叫ばれ、現実は勝ち組と負け組が交錯する凄まじいサバイバルゲームが展開され始めていました。「箱だけオシャレでも中身のない店はダメ」と言われ、デザイナーズレストランブームもすでに過去のものとなりつつありました。

この頃、ミュープランニング&オペレーターズの吉本隆彦社長（故人、2011年11月没）にインタビューしました。吉本さんは、私の世代論ではまぎれもなく〝第一世代〟なのですが、ご自分を〝第二世代〟と位置付けていました。彼は、米国型のチェーンビジネス（旧外食）を第一世代ととらえ、それを超えるという意味で第二世代と言っていました。

「僕らの〝第二世代〟は2000年ぐらいからいろんな業態を創ってきてマーケットを変えた。しかし、出せば当たるという時代が過ぎ、展開しすぎたツケにみんな苦しんで、バタバタたおれました。そこからスクラップ&ビルドに成功し、生き残ってきた〝戦友〟はわずかです」

吉本さんは青山、表参道エリア中心に、恵比寿、銀座の商業施設にも進出し、一時は20店舗ほどを展開していました。デザイナーズレストラン時代の先駆者であり、ダイニングブームの仕掛人でした。ミュープランニング自体もその後、直営店を整理して、「これからは日本の本物のブランドを海外に持っていき成功させる」という夢を語っていました。実際に、活動の拠点をシンガポールに移し、アジア進出の先駆けとなります。しかし、志半ばで2011年に急逝されました。

「外食第三世代」の台頭と「サードG」

2006〜2010年の5年間は、〝新外食第三世代〟の台頭期と言えます。第二世代から第三世代への〝世代交代〟が始まるのです。その動きは2005年頃から始まり、ダイヤモンドダイニング（松村厚久社長）、エムグラントフードサービス（井戸実社長）、エー・ピーカンパニー（米山久社長）などの「外食第三世代」が台頭してきました。私は、それらの経営者をフィーチャーし、「共に育つ場をつくりたい」と飲食ベンチャーオーナー会「サードG」を立ち上げました。2007年のことでした。それから5年、彼らは飛び抜けて成長を果たし、第二世代を凌ぐ勢いで業界に新しい風を巻き起こしました。

２００８年の９月にはリーマンショックが襲い、大手外食チェーンはさらなる苦境期に入りますが、それをよそ目に彼らは短期間で急成長を遂げ、業界のリーディングポジションを狙う経営者も出てきました。不況を逆手にとって、居抜き型のスピード展開、早期回収型の安易な業態展開などで急成長を遂げる会社も登場したのです。ひたすら店舗拡大や売上げ拡大を自慢し合うような「マネーゲーム」に走り、飲食の本来のあり方から外れる経営者も出てきました。私は２０１０年の秋に、そうした流れに耐え切れず、思い切って「サードＧ」を解散しました。当時、「サードＧ」の代表幹事はダイヤモンドダイニングの松村厚久さん、幹事長がエー・ピーカンパニーの米山久さんでした。この解散劇が業界に波紋を投げかけると同時に、松村さんと私の〝決裂〟も意味しました（今は交流が復活しています）。

そして、２０１１年３月11日、東日本大震災がやってきます。ここから、飲食マーケットの流れも一気に変わりました。もう、マネーゲームに浮かれている時代ではありません。外食、飲食ビジネスの「ミッション」や「あるべき姿」が問われるようになります。被災地支援はもちろんですが、人と人とのつながり、絆を結ぶ存在、地域で果たす役割などが飲食店にも求められようになります。飲食店オーナーたちも、「自分たちは何のために店をやっているのか」「地域社会や生産者とどう向き合っていけばいいのか」といったことを考えるようになりました。

そのような節目に、第三世代に代わり、「新外食第四世代」が登場してきました。「第四世代」の特徴を3点あげると、まず1点目として自分たち独自の「価値観」を軸としていることです。したがって得意ジャンルによる専門性やこだわり（ストーリー）を持った業態展開を行っています。「企画」「コンセプト」よりも、「空気感づくり」の落とし込みが上手いのも特徴です。2点目は、オーナーが「飲食店」が好きで、一店舗一店舗しっかりつくり上げていくことを大事にしていることです。人に喜んでもらうことに喜びを感じるために、店舗拡大や売上げ拡大は優先されません。最後に、3点目としては、自分も「客目線」を持ち、コミュニティマインドやホスピタリティを大事にしていることです。「つくりもの」ではなく「ものづくり」型の中身のある店づくり、それが第四世代の目指し始めたテーマではないでしょうか。

「第三世代」がマネーゲームに走った後、「第四世代」はそうした、いわば「第一世代」（グローバルダイニングや楽コーポレーションなど）たちが持っていた本来あるべきレストランビジネスのDNAを受け継いだのかもしれません。「第四世代」たちのプロフィールについては、後の章で詳しく触れたいと思います。２０１１年～現在、「第四世代」が育ち、いろいろな業態を進化させて、飲食業界のシーンを活性化しています。

「マーケット構造」の変化

ここで、この10数年の間に、外食の「マーケット構造」がどう変化してきたかを整理しておきましょう。

外食マーケットが右肩上がりで拡大していた時代は〈図3〉のように（次ページ参照）、バランスのとれた「ピラミッド型」でした。

ところが、外食不況期への突入とデフレの長期化によって、中高単価のマーケットが縮小し、一方で低価格マーケットのボリュームが膨らみます。「プッシュピン（押しピン）型」に変化してきました。

外食業界がデフレ対策として値下げ戦争に走ったのは２０００年初頭。まずマクドナルドが２０００年２月に平日半額キャンペーンと銘打って、平日１３０円のハンバーガーを半額の65円で販

図3　マーケット構造の変化①

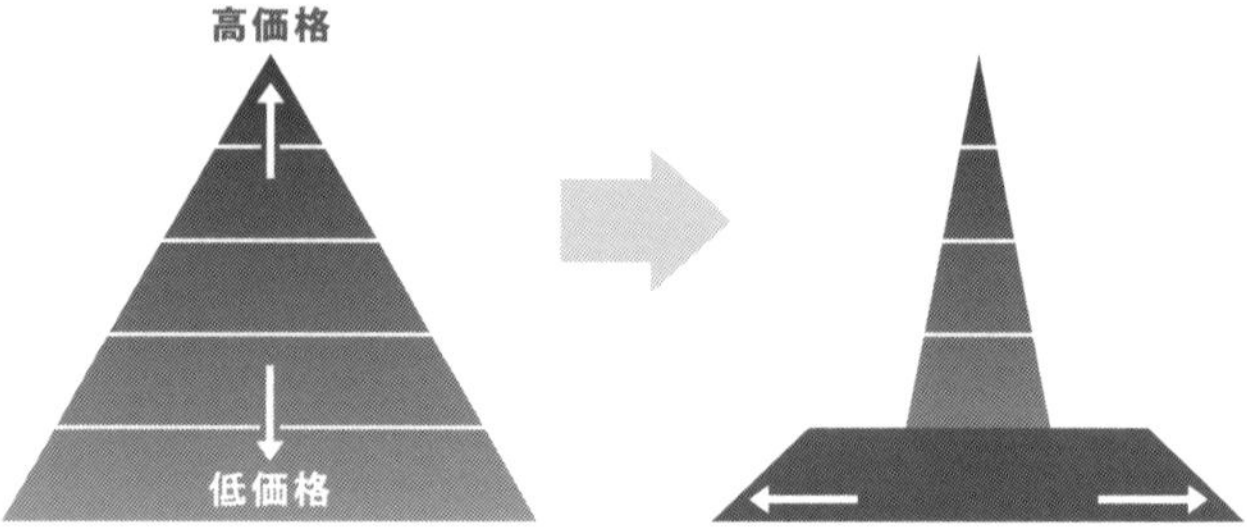

マーケット構造は**「ピラミッド型」**から
「プッシュピン型」に変化

図4　マーケット構造の変化②

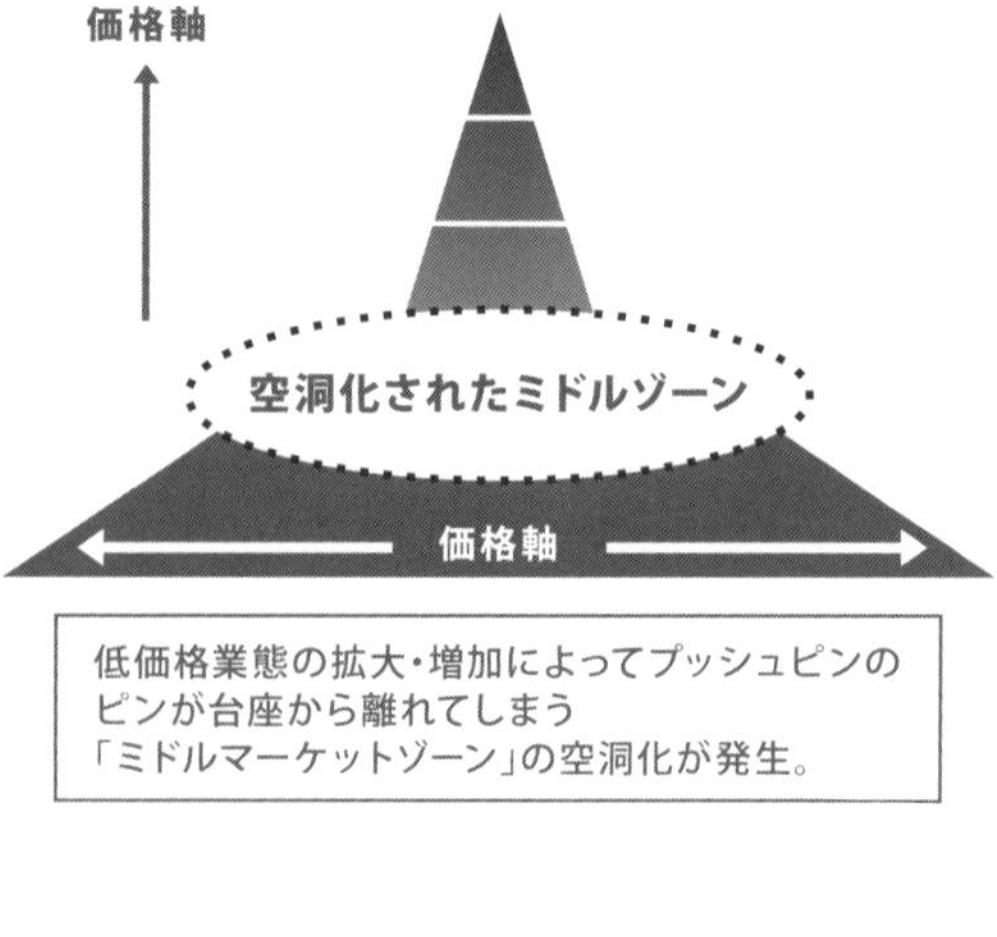

低価格業態の拡大・増加によってプッシュピンの
ピンが台座から離れてしまう
「ミドルマーケットゾーン」の空洞化が発生。

売。これが大当たりしたため、2001年7月に吉野家は牛丼並盛をそれまでの通常価格である一杯400円から280円に値下げ、他の牛丼チェーンも追随します。

居酒屋チェーンの三光マーケティングフーズの「270円均一居酒屋 金の蔵Jr.」が流行ったのは2008年リーマンショック後。この業態はわずか半年で80店舗まで膨らみました。居酒屋業界では、〝低価格・均一居酒屋戦争〟と囃し立てられ、ワタミも「250円均一居酒屋」で参入しました。結局、大手チェーン店の〝安かろう悪かろう〟型の商品や料理はお客さんに見放され、消耗戦の果てに消滅してしまったのです。しかし、マーケットは「安くていいもの」への志向は変わりませんでした。「いいもの」を提供する個店の低価格マーケットは生き残り、さらにブラッシュアップすることになります。さらに、それまで一般顧客があまり行かなかった〝せんべろ〟（1000円でべろべろに酔える）や立ち飲みなどの「大衆酒場」マーケットがにわかに活性化し始めます。

そして、東日本大震災を契機に、お客さんも外食、飲食に「行く理由」や「価値」を求めるようになります。「高くても、価値があるなら行きたい」とか「生産者を応援したいので〝つくり手の顔が見える食材〟を使った料理を食べたい」とか「どうせ外食するならしっかりした料理を食べたい」という機運が高まってきます。マーケットは「低価格指向」と「高価値化志向」に二極化し始めます。

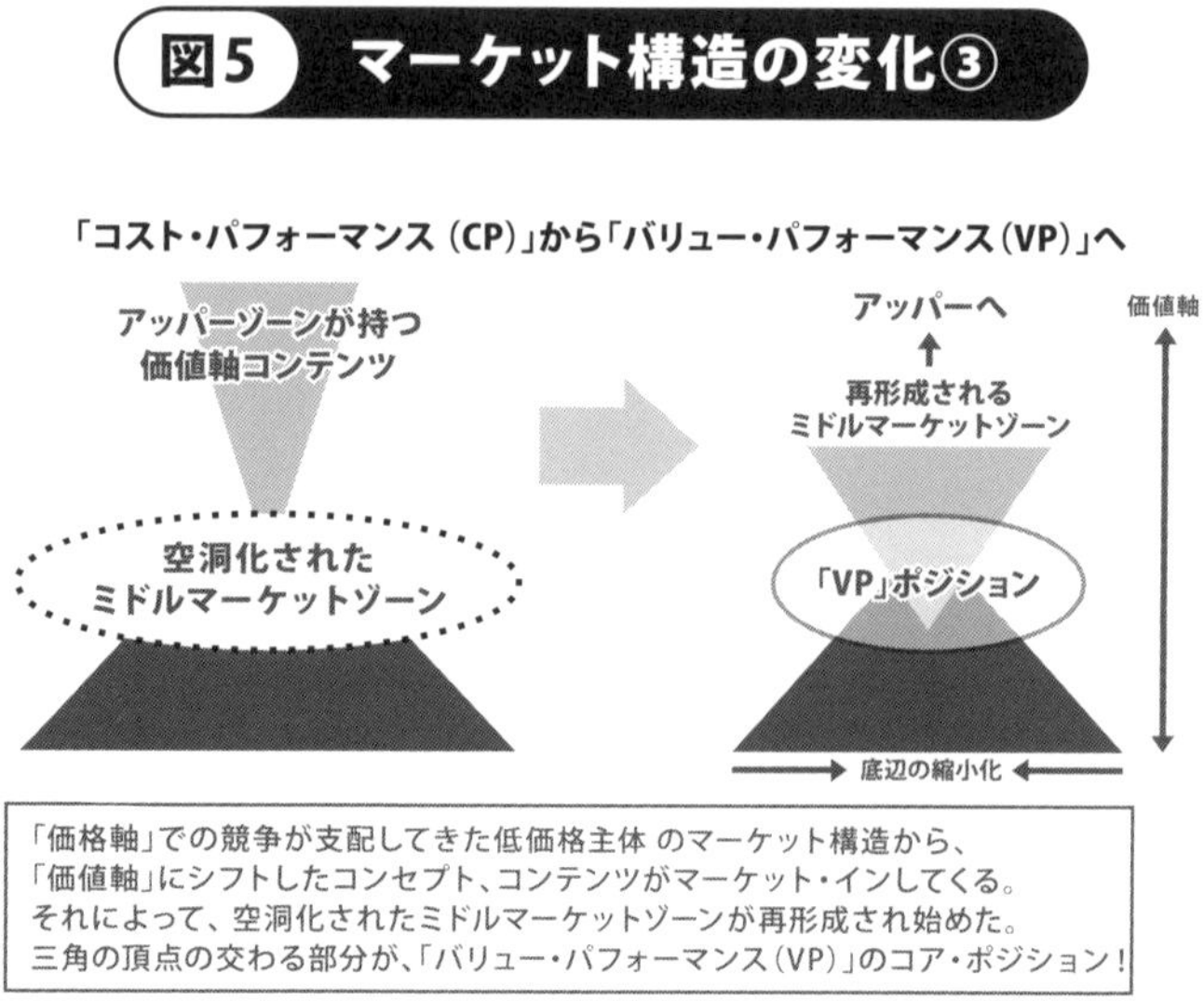

「価格軸」での競争が支配してきた低価格主体 のマーケット構造から、
「価値軸」にシフトしたコンセプト、コンテンツがマーケット・インしてくる。
それによって、空洞化されたミドルマーケットゾーンが再形成され始めた。
三角の頂点の交わる部分が、「バリュー・パフォーマンス（VP）」のコア・ポジション！

アルコール業態でいえば、「3500～5500円」あたりの〝ミドルマーケットゾーン〟の空洞化が起きるのです〈図4〉（74ページ参照）。その変化を起こす〝動力〟になったのが、「価格から価値」へのパラダイム転換です。

〈図4〉（74ページ参照）のように、低価格業態の拡大・増加によって、プッシュピンのピンが台座から離れてしまう現象が起きたのです。外食マーケットに「価格軸」に加えて、「価値軸」という新たな軸が生まれたとも言えます。そして、台座から離れたピンは「価値軸」によって新たなコンセプト、コンテンツとしてマーケットに〝イン〟してきます。そして、空洞化されたミドルマーケットゾーンを埋めにくるのです〈図5〉。

まとめますと、「価格軸」の競争が支配してきた低価格主体のマーケット構造が終焉し、「価値軸」主体でミドルマーケットが再形成され始めたということです。

「バリュー・パフォーマンス（VP）」の時代へ

低価格をコンテンツとした業態の拡大や、価格競争の激化のなかでは、「価格」はすでにキラーコンテンツとはなりにくく、価格を超えた満足感が求められています。例えると、「1000円でそれなり」ではなく、「こんなに美味しくて、楽しくて1000円!?」という〝価格超え〟、いわゆる「コスト・パフォーマンス（CP）」が飲食では重要です。しかし、いまやCPを競うのは当たり前で、顧客はそれだけでは満足しません。「価格軸」から「価値軸」に発想の転換をしなければいけない時代、私は「バリュー・パフォーマンス（VP）」をキーワードに打ち出しました。これからは「価値の満足」が求められるということです。ときに「原価」を無視して売りとなる希少食材や高級食材を投入したり、キラーコンテンツとなるメニュー開発のために投資をしたりしなければなりません。

「価値軸」を極めるとは、そういうことです。76ページの〈図5〉の右側を見てください。台座の「価値軸志向の低価格ゾーン」と「再形成されるミドルマーケットゾーン」が重なる点線の部分があります。これが私の指摘する「VPポジション」です。時代は、「コスト・パフォーマンス（CP）」から「バリュー・パフォーマンス（VP）」へパラダイムの転換が起きているのです。

「QSC」「QHA」を超える取り組みを

このような「価値」「VP」の時代に、外食企業、個々の飲食店に問われるのは、これまでの「QSC」や「QHA」を超える取り組みが必要です。

〈図6〉をご覧ください。QSCとは、「クオリティ（品質）」「サービス」「クリンリネス（清潔さ）」のことです。飲食店においては「顧客満足」（Customer Satisfaction）を目指すための重要な3要素です。飲食店経営にとって、基本中の基本です。

一方、「QHA」は外食コンサルタント企業の元OGMコンサルティングの榊芳生氏（故人）が提

図6 「QSC」から「QHA」へ

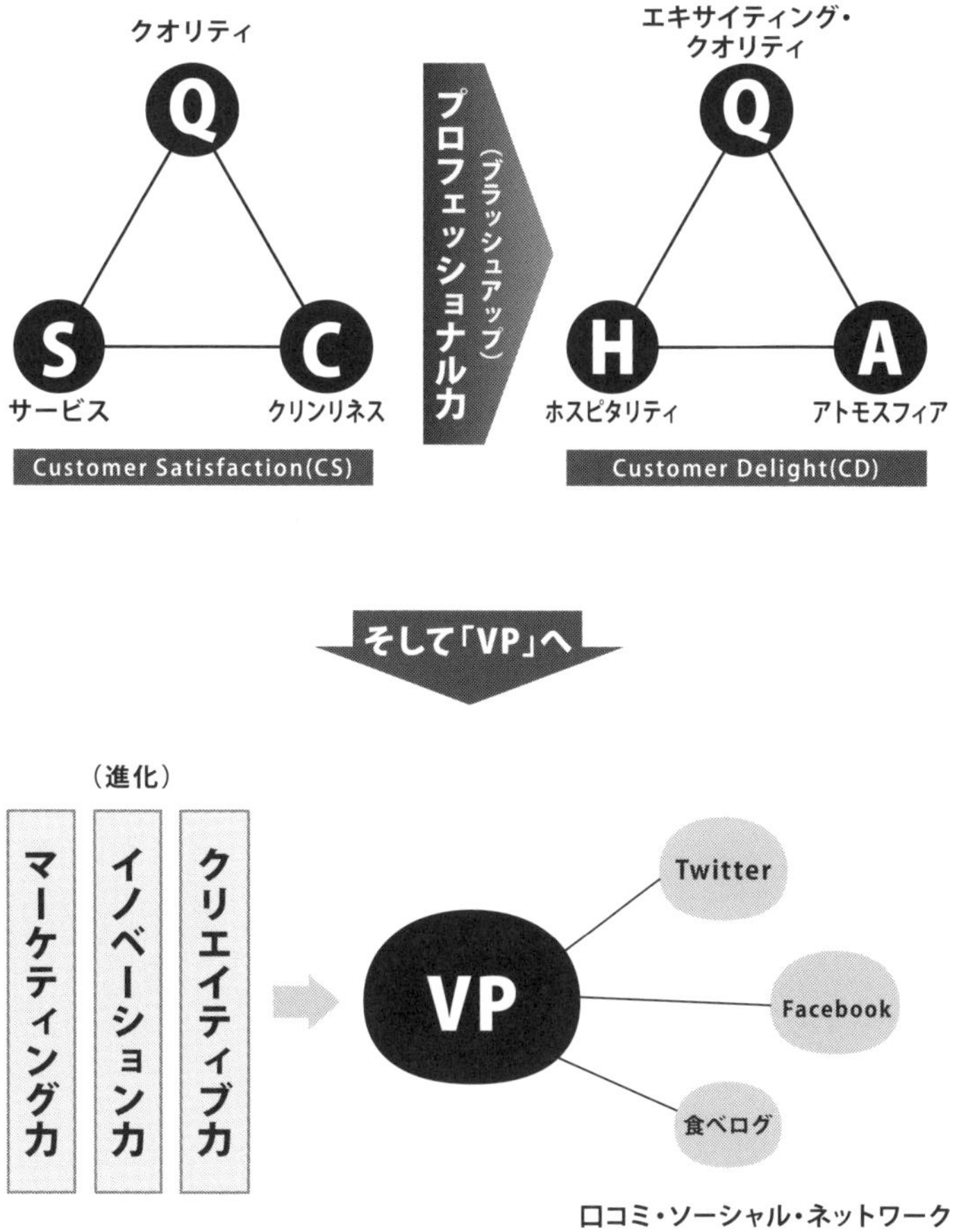

唱したキーワードで、「QSC」をブラッシュアップしたものです。「QHA」とは、「エキサイティング・クオリティ」「ホスピタリティ」「アトモスフィア（空間・雰囲気）」のことです。飲食店は「QHA」を追求し「CD＝カスタマー・ディライト（顧客歓喜）」を実現せよ！と、榊氏は生前、熱く説きました。榊氏は私の故郷の大先輩で、『アリガット』を創刊するときに、アドバイスをいただいたことがあります。「顧客を満足させるだけでは足りない、これからは顧客を感動させなければならない」と主張した榊氏の提言は素晴らしいと思います。

そして私は、「QHA」の次にくるのは「ネクストQ（クオリティ）」だと説いています。「顧客満足（CS）」「顧客感動（CD）」の次にくるのは「顧客体験価値（CE）」である、と。CEとは、「カスタマー・エクスペリエンス」のことです。「エクスペリエンス」はもともとIT用語であり、「顧客に対し、これまで体験したことのなかったメニューやサービスを妥協することなく提供し続けること」という意味です。IT業界では、アップルが開発した「i Phone」や「i Pad」がエクスペリエンスの典型的な商品事例とされています。携帯電話やPDAのユーザーに対し、それらは従来のニーズを満たすだけではなく、また感動のレベルを超え、まったく新しい体験価値を提供しました。いまも、どんどん進化し、新しい体験価値を提供し続けています。

「顧客体験価値（CE）」の時代へ

外食・飲食ビジネスの分野でも、この「カスタマー・エクスペリエンス」の考え方が重要になってきていると思います。顧客ニーズが多様化、高度化（わがまま化）するなかで、非常に重要な進化のアプローチ手法に違いありません。すなわち、「ネクストQ」時代においては、高価格・低価格に関係なく、いかに「QHA」のレベルを上げ、顧客にとっての価値を高めていけるかが勝負となります。そのためのコンテンツとスタイルをクリエイトすることが、いま飲食のマネジメントにおいて欠かせないということです。「iPhone」が携帯電話市場を大きく変え、スマートフォン市場を創造したように、飲食業界でもマーケットをガラッと変えるような「ネクストQ」の登場が待たれます。「QSC」「QHA」を〝進化させる力〟、それが「カスタマー・エクスペリエンス」ではないでしょうか。

そのために必要な要素は、「マーケティング力」「イノベーション力」「クリエイティブ力」の3つです。

「マーケティング力」とは、自店のポジション（軸）を明確にし、他店との「差別化」を徹底することです。そのためにはブルーオーシャン戦略やホワイトスペース戦略など、さまざまな戦略を構築する必要があります。高単価レストランをつくる力があるソムリエたちが集まってあえてがぶ飲み居酒屋ワイン業態で起業した「ヴィノシティ」は、ポジショニングをズラすことで成功しました。

「イノベーション力」とは、仕入れや流通の仕組みを根本的に再構築し、新しい価値をつくることです。エー・ピーカンパニーはその代表例でしょう。そして、「クリエイティブ力」とは、他店が真似できない圧倒的なパワフルな業態、メニューをつくること。後の章で詳しく述べますが、「刺身6点盛り」（1280円）なのに、11種類の刺身を大きな皿で提供する「魚金」グループや漁港から店内の水槽まで専用車で活イカを運び、新鮮なイカ盛りを提供する「イカセンター」などインパクトあるメニューで人気を続けている鮮魚業態がその例です。

この「CE（顧客体験価値）」の提供こそ、「バリュー・パフォーマンス（VP）」を最大化する手法と言えます。繰り返しますが、「顧客に対し、これまで体験したことのなかったメニューやサービスを妥協することなく提供し続けること」によって、お客さんは「価格超えの価値」と「突き抜けた驚き」を感じ、「熱烈なリピート欲」を持つことになるのです。そうなれば、あなたの店は地域一番店に生まれ変わるでしょう。

「裏（逆さ）ピラミッド構造」

そして大事なことは、その価値を〝伝える力〟です。従来の宣伝広告手法に頼るのではなく、「価値のシェア」を訴求していくソーシャルメディアの活用にシフトしていかないと、これからの時代は生き残れません。この章の最後で、もう一つの「マーケット構造の変化」について触れておきましょう。〈図7〉をご覧ください（次ページ参照）。上のピラミッドが従来の「表」のマーケット構造です。ブランド（知名度）、立地（駅前一等地、商業施設などの好立地）、資本力（大手企業、上場企業などの信用力）が有利に働いてきました。

しかし、ネットやSNS、口コミによってコンセプトやコンテンツの価値力が決められるいまの時代には、下の、「裏」のサーチ（検索）マーケット構造ができつつあるのです。ブランド、立地、資本力はもはやほとんど関係ありません。価値、メッセージ、情報、コミュニティといったことが重要で、それがお客さんのアンテナにひっかかるかどうかがポイントになります。したがって、立地はむしろ従来のエリアより少しずらした「端、裏、奥」が飲食店にとって魅力エリアになるのです。「裏

図7　マーケット構造の変化④

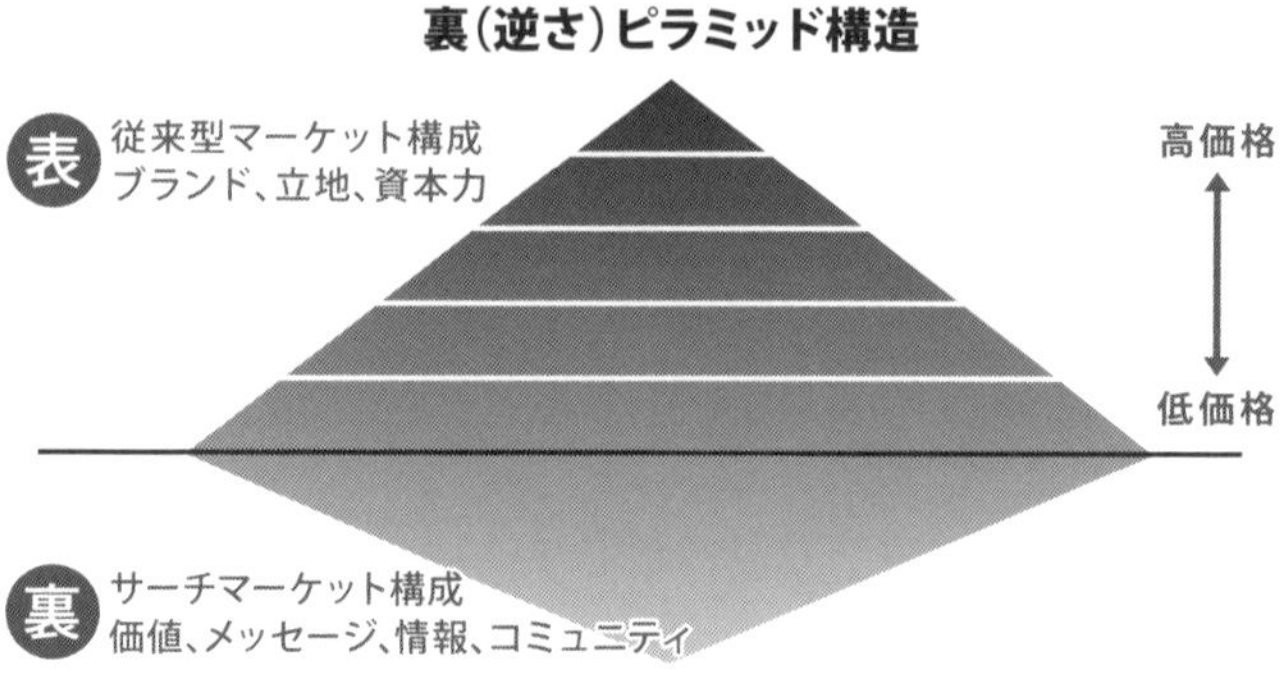

立地
・従来のエリアより少しずらした「端、裏、奥」が魅力エリア
・エッジが利く（コンセプトが表しやすい）／存在感が高まる／「通」度が持てる など。呼ぶ力、伝える力、つながる力…

渋谷」「奥渋谷」などがいま注目されているように。

さらに、エッジを利かせること。例えば看板をあえて設けないとか、サインを目立たせないとかです。そのほうが、コンセプトが表しやすいし、存在感が高まるわけです。お客さんにとっては、そういう店を知っていることで「通」度が持てるのです。ＳＮＳで発信したり、口コミで伝えたくなるといった衝動にかられるわけです。

第四章

「業態トレンド」の読み方と最新予測

～未来は常につくられてきた。その「鍵」はいまにある～

TOKYO FOOD NEWS ONLINE
FOOD
STADIUM

7つのトレンド・キーワード

私が飲食ジャーナリストとして、最も得意とするのは「業態トレンド」の予測です。「次にどんな業態がくるのか?」ということを読むことです。競馬の予想屋みたいですが、これを私は10年以上やってきました。講演や原稿依頼のテーマも、多くはそれを予測し、解説することです。私が編集長を務める飲食トレンドニュースサイト「フードスタジアム」でも、10年間にわたり編集長コラムを書き続けてきましたが、半年に一度は必ず、その年の上半期、下半期の「トレンドを予測する!」というテーマで原稿をまとめました。

そのコラムのなかで、2012年6月、7つの業態トレンド・キーワードを発表しました。東日本大震災の復興支援が続くなかで、「3・11後のトレンド」が一年経ってようやく見えてきたからです。これらのキーワードは、その後、数年経ったいまでも古くなることはなく、マーケットおよび業態の軸トレンドとして定着していると言えます。四文字に表現を統一しています。

1　ネオ大衆（ネオ大衆酒場）
2　ハイカジ（ハイクオリティ・カジュアル）
3　ネオトラ（ネオ・トラディショナル）
4　ローブラ（ローカル・ブランディング）
5　リーイン（リージョナル・イン）
6　ジャパン（ジャパン・クオリティ）
7　キラコン（キラーコンテンツ）

一つずつ説明しましょう。

1の「ネオ大衆」は、大衆酒場のエッセンスを取り入れた〝ポスト低価格居酒屋業態〟のことです。若手経営者たちが新しい感覚で「大衆酒場」をつくり始めました。ポイントは〝低価格・高感性〟です。「老舗の再生」にも挑戦している企業は少なくありません。常連客を意識した「新定番メニュー」「新定番ドリンク」を打ち出して差別化しているのが強みです。客単価は3000円以下、週に何度でも通える値段です。

2の「ハイカジ」は、空洞化している客単価3500〜5500円のミドルマーケットを変える〝高品質中価格業態〟のことです。「一流なのにカジュアル」。そのギャップがサプライズを生みます。「原価率」「客単価」指標ではなく、「客数」「客層」重視の店舗経営です。

3の「ネオトラ」は、かつて流行った業態や伝統的な業態を見直す動きです。日本古来の食文化や伝統料理への再評価をはじめ、アイリッシュパブやオーセンティックバーの再人気などもこのカテゴリーに入ります。「伝統的な料理」「調理法」「調味料」などを見直したり、「醗酵」「熟成」の技術や食材を使った料理を提供するといった動きも入ります。

「ジャパン・クオリティ」を打ち出せ！

4の「ローブラ」は、地方自治体や食材そのものをブランディングする動きです。地方のブランド食材を打ち出した店や業態、いわゆる「地産都消」「地産他消」（地方食材を都市部や他の都市で消費

「3.11後のトレンド」2012年6月の編集長コラムより

1	「ネオ大衆」（ネオ大衆酒場）	大衆酒場のエッセンスを取り入れた〝ポスト低価格居酒屋業態〟。ポイントは〝低価格・高感性〟。単価を3000円以下に設定し、週に何度でも通える価格帯に。
2	「ハイカジ」（ハイクオリティ・カジュアル）	〝高品質中価格業態〟。「一流なのにカジュアル」が特徴。単価は3500～5500円のミドルマーケット。客数・客層重視の経営。
3	「ネオトラ」（ネオ・トラディショナル）	かつて流行った業態や伝統的な業態を見直す動き。日本古来の食文化や調味料、調理方法を再評価し、取り入れる店が増えている。
4	「ローブラ」（ローカル・ブランディング）	地方自治体や食材そのものをブランディングする動き。地方のブランド食材を打ち出した店や業態を指す。生産者や行政と組んで地方食材をブランド化する動きが主流に。
5	「リーイン」（リージョナル・イン）	地域の生活者をターゲットに〝地元飲み〟を狙った戦略。中心街をあえて外す〝ブルーオーシャン〟出店戦略。新たなコミュニティの場を提供する〝地バル〟の可能性が広がってくる。
6	「ジャパン」（ジャパン・クオリティ）	日本の〝地のもの〟〝古来のもの〟の再発見。海外進出も、「ジャパン・クオリティ」を向こうに移植するというミッションが必要。
7	「キラコン」（キラーコンテンツ）	圧倒的な〝差別化メニュー〟のこと。原価度外視、常識破壊の〝トリガー〟メニューを開発し、盛り付けも逆転の発想を取り入れます。小さな皿にガッツリ盛るサプライズ演出をする。

すること）はすでに飽和状態です。これからは、地方の自治体名をまるごと冠にして差別化したり、生産者や行政と組んで地方食材をブランド化する動きが主流になると思います。国の「地方創生」政策も追い風になります。

5の地域密着「リーイン」は、地域の生活者をターゲットに〝地元飲み〟を狙った戦略です。「地元でおしゃれに飲食を！」という潜在顧客を掘り起こして、成功している若手経営者の店が増えています。飲食店の需要と供給がアンバランスな街、中心街をあえて外す〝ブルーオーシャン〟出店戦略です。新たなコミュニティの場を提供する〝地バル〟の可能性ももっと広がってくるでしょう。1の「ネオ大衆」も地域密着型です。

6の「ジャパン」は、3の「ネオトラ」、4の「ローブラ」とも共通しますが、日本の〝地のもの〟〝古来のもの〟の再発見です。日本酒の復活、国産クラフトビールや日本ワインなどの「ネオ和酒」が脚光を浴びている動きはその典型です。経産省の「クールジャパン」を海外に発信、輸出していくという国策にも合致しています。海外進出も、「ジャパン・クオリティ」を向こうに移植するというミッションが必要でしょう。

7の「キラコン」は、圧倒的な〝差別化メニュー〟のことです。SNS時代には口コミ効果とリピーターを生む最大の販促効果となります。原価度外視、常識破壊の〝トリガー〟メニューを開発し、盛り付けも逆転の発想を取り入れます。小さな皿にガッツリ盛るサプライズ演出です。「こぼれスパークリング」や「一升瓶こぼれワイン」なども、キラコンになるでしょう。また、生産者とのコラボ、流通革命による〝オリジナルブランド化〟のメニュー開発も有望です。

〝がぶ飲みワイン〟は卒業

これらの7つのキーワードを軸に、具体的にその後、どのような業態がトレンドとして注目を浴びたかを見てみましょう。2013年の上半期は、業界の最大の話題が「ハイカジ」の「俺のイタリアン」「俺のフレンチ」のブレイクぶりが突出しています。他では「ネオ大衆」の「串カツ田中」の快進撃が目立ちました。「ジャパン・クオリティ」では、「日本酒」「日本ワイン」「クラフトビール」のドリンク三兄弟、とりわけ日本酒業態はバルスタイルも登場し、ポスト・ワインバル的な勢いで増えました。料理の面では、素材特化型の動きが強まり、クオリティと美味しさが伴う熟成肉や馬肉、魚介、甲殻類、ブランド鶏や農園野菜を生産者の思いを伝えるストーリーの演出、盛り付けの演出を含め、主役を際立たせる「キラーコンテンツ」業態が目立ちました。

２０１２年12月の総選挙で〝デフレ脱出〟を掲げた自民党が大復活を果たし、２０１６年7月の参院選も勝利を収めたことで、人々の心に〝プチ贅沢〟志向が生まれ、それが飲食業界にプラスに働きました。「価値を感じる店、商品にはお金を払う」という傾向が強まってきました。さらに言えば、個人が価値情報の発信を積極的に始めた時代。「俺の店に来て、俺の料理を食ってみろ！」と主張する〝俺流飲食店〟が台頭してきました。

そうした流れを受けて、２０１３年の下半期がどんなトレンドになるのか予測したキーワードが以下の5つです。

1　レスバル（レストランのクオリティを持つバル）」

2　ネオジャポネ（国産食材にこだわる職人系・新創作料理）

3　ジャンクション（乗り入れ型料理を提供する業態）

4　ネオ・ラグジュアリー（一点豪華主義）

5　グローカル（世界に支店を持つ）

1の「レスバル」は、バルの進化系です。素材と調理力、ホスピタリティで勝負。シェフの技が光る業態です。「俺のイタリアン」「俺のフレンチ」のような立ち飲み、フル回転型ではなく、フレンドリーな接客が前提となります。「ネオビストロ」「ネオトラットリア」はこの範疇に入ります。オシャレに気軽に、日常的に利用できますが、料理のクオリティはハレ系。ワインもクオリティが問われます。要は、安っぽいワイン酒場に飽き飽きしたお客さんが、少し高くても美味しくて接客のいい店を求め始めたということです。

ホスピタリティの基礎のあるグローバルダイニング卒業生や高級レストラン脱出独立組がこのマーケットの主役になる。客単価はこれまで空洞化していた4000～6000円ゾーン。アロマクラシコの元シェフの独立店、目黒「アンティカブラチェリアベッリターリア」や六本木の「ノック　クッチーナ・ボナ・イタリアーナ」などが参考例です。

「ネオ割烹」に「野菜食堂」

2の「ネオジャポネ」（国産食材にこだわる職人系 新・創作料理）です。「ジャパン・クオリティ」業態の進化系と言えます。ビバレッジにもしっかりこだわった品ぞろえを持つ板前仕事の「ネオ割烹」業態も増えています。野菜が主役としてだけではなく、脇役やエキストラとしても登場するメニューセンスに優れた次世代型の野菜業態「野菜食堂」にも注目。熟成肉バルや発酵食堂、地方活性化バルや酒場、さらに〝俺流酒場〟もこのジャンルに入ります。職人型店主の素材へのこだわり、創作性がポイントです。

銀座から展開を始めた「板前バル」や恵比寿「雨後晴」などはその例です。こうした店にはこだわりの日本酒やワイン、クラフトビール、そしてオリジナルな酒器があります。「なぜその酒をその器で？」にも店主のこだわりが必ずあるのです。

3の「ジャンクション」（乗り入れ型料理を提供する業態）。フランス、イタリア、スペインほかエスニックやヒスパニック、中華などの複合的なテイストを持つバル＆レストランです。ジャンルの乗り入れ、合流と分岐を表す高速道路の「ジャンクション」のイメージです。かといって、かつてのフュージョン料理や「〜風」ではなく、それぞれの料理が本格的。パスタとパエリア、イタリアンでアヒージョ、メキシカンに点心のような乗り入れでサプライズを提供します。あるいは、ビバレッジカテゴリーに専門性の高いツートップコンセプトを持ったドリンク・ハイブリッド業態もこのジャンルに入ります。日本酒とワイン、日本酒（ワイン）とクラフトビール、焼酎とモルトウィスキーなどの組み合わせです。

4の「ネオ・ラグジュアリー」（一点豪華主義）。これからの業態は高級食材を安く提供するとか、一点豪華主義でキラーコンテンツをつくるとか、クオリティと価格のギャップがサプライズを生みます。その料理を食べるためだけにわざわざ通う価値のあるような業態です。限定品ですぐなくなるような〝おとりメニュー〟ではなく、それがメインの位置にあり、専門店化していなければなりません。フォアグラをカジュアルに食べられる「東京銀座フォワグラ」や中目黒の海老・カニのカジュアル業態「クラブハウスエニ」などがその例です。客単価は5000〜6000円。このゾーンで抑えられるかどうかが決め手になります。

5の「グローカル」（世界に支店を持つ）。ローカルなコンテンツをグローバルに展開することです。日本食は欧米だけでなく、アジア、とくにアセアン諸国で注目されています。しかも、その市場規模は膨大で、成長性も高い。市場が縮小し、パイを奪い合うレッドオーシャンの日本だけでなく、海外に出て行く時代がきました。ただし、脱出するわけではなく、日本でしっかり業態をつくりながら、2号店、3号店の感覚で海外に出て行くことが重要でしょう。

これから海外で求められる飲食コンテンツは、総花的なものではなく、専門店化した業態です。とくに日本の地方コンテンツは海外では新鮮です。海外に店を持つことのメリットは、経営の視野と人脈が広がることです。外から日本マーケット、東京マーケットを見ることによって、改めて日本、東京で何をやるべきかがわかります。人脈ネットワークから思わぬビッグプロジェクトが転がり込むこともあります。とりあえず視察だけでも海外に行くことが大事ではないでしょうか。

バルから「ネオビストロ」へ

2013年はアベノミクスがたしかに功を奏し、大企業のボーナス支給増額や接待復活の波を受けて、〝飲食ミニバブル〟の現象が垣間見られました。しかし、私は、暮れの〝飲食ミニバブル〟は一過性の現象だと見ていました。年を越せば、原材料のさらなる高騰や消費税の値上げなどのアゲインストの風が待っています。そんななかで、「行く理由のない店」は淘汰されるだろう、と。2014年は、さらに「行きたい理由の明確な店」に顧客が集中するようになる。立地や客単価よりも、よりコンテンツやバリューが重要視されるに違いないと。そして、2014年の新しい動きとして私が予測したトレンドは、以下の4点です。

1　バルから、ネオビストロへのシフト

これは2015年の大きな潮流となります。「がぶ飲みワイン」や「せんべろ」よ、さらば、これからは「じっくり食べ飲み、しかもカジュアル」がトレンドになる。料理だけでなく酒類にもこだわった〝東京スタイルのネオビストロ〟が次の時代を切り拓くのではないか、と予測しました。たとえば五反田にオープンしたクラフトビールを売りにした和ビストロ「クラフトマン」です。2014年の最大のテーマは「ハイカジ業態の進化」。

2 カジュアルバブル

景気回復はまばらながら、局地的な〝ミニバブル現象〟は続く。いわゆる〝大人の遊び〟的なコンテンツを打ち出したバーやラウンジなどが復活する兆し。しかし、カジュアルな使い方もできるような幅の広い業態がこれからのトレンドになる。〝横丁の仕掛人〟、浜倉的商店製作所が手がけた銀座コリドー街の24時間営業の「リブハウス オーシャンハウス」などは、新しい〝カジュアルバブル〟というキーワードを冠した業態です。

3 ジャパンクオリティの追求

ジャパンクオリティを掘り下げると生産者支援、地方活性化につながります。そうした明確な目的を持った〝ミッション型経営〟にさらに注目が集まるのではないか。飲食から流通を変えるイノベーションパワーにも大きな期待がかかる。6次産業化への取り組みが飲食経営者にとって新しい世界を広げることになるでしょう。

4 「和食が世界文化遺産に!」

これは和食のトップの世界だけでなく、居酒屋や大衆酒場に至るまで日本食コンテンツ、食材・酒類におけるジャパンクオリティは世界に向けて発信される〝フード・グローバル元年〟になるだろう。とくにアジアにはこれから日本の飲食文化がどんどん出て行くに違いありません。

「ネオ大衆酒場」は強いトレンド

このような予測をした2014年ですが、「ネオビストロ」「ハイカジ業態の進化」「6次産業化への取り組み」などは、現在もマーケットを根強く支えていると思います。

1 「ジャパンクオリティ」の拡大

地方の活性化、生産者の支援などのミッションを打ち出した業態に注目。「Farm to Table」「Eat Local」などがキーワードになる。

2 「ハイクオリティ大衆酒場」の登場

「ネオ大衆酒場」業態がこれからはハイクオリティ化してくる。料理と酒類の質にこだわった店が続々と登場するだろう。

3　「ポスト居酒屋・バル業態」

普通の居酒屋、特徴のないワインバルは淘汰される。価値観、意味性を打ち出した「ネオ炉端」「ネオ割烹」「ネオビストロ」「ガストロパブ」に注目。キーワードは「クラフトマンシップ」。

4　新世代オーナーによる「ネオ創作料理」

ジャンルは問わず、新世代のオーナーや料理人が新しい創作料理にチャレンジし始めた。帰国子女や海外で修業したシェフなどが新しい流れをつくり出す可能性もある。

5　「ライフスタイル訴求型業態」の増加

海外のトレンドを取り入れた高感度、高付加価値のライフスタイルニーズに沿った業態に注目。

そして、2015年下半期。飲食マーケットのトレンドはどう動くのか？　押さえておくべきポイントと注目店を取り上げています。

1　ネオ大衆酒場

2　イートグッド

3　ジャパンクオリティ
4　肉業態の進化
5　魚業態の進化
6　地方ブランディング
7　ネオエスニック

いまのマーケットは、フレンチとかイタリアン、和食や居酒屋といったジャンルで見るとミスリードしてしまいます。例えば、フレンチのジャンルでいま最もホットなのは「大衆ビストロ業態」。そこにはネオ大衆酒場的な切り口やイートグッド、肉・魚業態の進化といった要素がないまぜになっています。あるいは、居酒屋という業態はもはや空洞化し、飲み志向の「大衆酒場業態」とキラー食材&料理志向の「ネオ炉端」や「ネオ割烹」にシフトしています。そういう見方をしていかないと、現在と未来の飲食店ビジネスシーンとマーケット構造の〝真実〟は理解できないということを唱えました。

では、一つひとつキーワードを解説していきましょう。

1　ネオ大衆酒場

歴史は繰り返すと言うが、ここ数年、老舗大衆酒場人気が続いています。コの字型カウンターがあって、甲類焼酎のチューハイやサワーの安酒を飲みながら、もつ串焼き、煮込み、肉豆腐、ポテサラ、ハムカツなどの定番料理を楽しむ。こういうスタイルを踏襲して、現代の若い経営者たちが新しいセンスで店づくりしたのが「ネオ大衆酒場」です。客単価は2500円以下ですから、週に数回通えます。

客単価3500～4500円の中途半端な居酒屋からお客さんがこのネオ大衆マーケットに流れてきているわけです。「鳥貴族」は、私はこの流れに乗って急成長したと思います。彗星のように現れた「串カツ田中」も串カツという専門性でアイデンティティーを主張しながら実はネオ大衆酒場です。肉汁餃子を謳う「ダンダダン酒場」もその流れ。

ネオ大衆酒場では、2009年創業の立ち飲み「晩杯屋」がいま注目の的です。その圧倒的安さ、価格に対する価値感の高さは群を抜いています。「2年以内には直営30店舗を展開する」という計画を金子源社長は打ち上げました。客単価は1300～1500円。「週に4～5回通える店です」と金子社長は胸を張ります。景気が良くなっているとはいえ、外食ニーズが高価格市場に流れるわけではありません。エンタメ性の強い業態やこうした大衆酒場マーケットはリッチ層にとっても魅力的なターゲットスポットになるのです。

「イートグッド」の波が広がる

2　イートグッド

この波はじわじわと広がっています。かつてのオーガニック、マクロビブームとは違い、SNSなどでアメリカの食生活の健康志向トレンドや日本での添加物、化学調味料漬け文化に対する厳しい批判や反省の動きが広がっています。「自然に帰ろう」というムーブメントは、食の分野ではもはや戻れない川の流れです。アメリカもそうですが、とくに子供を持ち始めた30代の若い世代がこのムーブメントを〝切実な生活テーマ〟と考え始めました。シニア層（私もそうですが）は現役時代の食生活への反省から、やはり「イートグッド」＝〝良いを食べる〟に共感せざるを得ません。「地産地消」（イートローカル）、「Farm to Table」はいまや特別なものではなく、当たり前に日常のライフスタイルに取り込んでいく時代が来たのです。外食、飲食マーケットも当然、この動きを店づくり、メニューづくりに取り入れていかなければなりません。「麹町カフェ」のエピエリが提唱した「イートグッド」に共鳴する新世代の飲食店オーナーたちは増えていますし、彼らの動向が下半期のマーケットトレンドのスイッチを替える存在になるに違いありません。

3 ジャパンクオリティ

これは息の長いテーマです。これは軸トレンドとして今後もさらに深化と進化を続けていくでしょう。和食文化の原点である日本の伝統的な食材、調味料、調理法への原点回帰。発酵や熟成といった技術は古くて常に新しいものです。「純米地酒」「国産クラフトビール」「日本ワイン」などの酒トレンドも引き続き要注目です。

新しいところでは、乙類焼酎（本格焼酎）×強炭酸の「乙ハイ」（乙類ハイボール）がブームの兆しを見せています。ローカルブランドだった焼酎「泥亀」を強炭酸で割った「泥ボール」は「乙ハイ」マーケットをリードしています。

4 肉業態の進化

これは言うまでもなく、「熟成肉」「ステーキ」「塊肉」「肉バル」「馬肉」「ジビエ」といった現在の肉ブームがさらに進化を遂げていくだろうということです。それから、新業態として登場してきた

「立ち食いステーキ」「立ち食い焼肉」は、そうは広がらないと見ています。完成度の高い立ち食い焼肉業態「治郎丸」の展開には注目したいと思います。

5　魚業態の進化

24時間営業の「磯丸水産」の快進撃は、「鮮魚居酒屋」業態をリードしていますが、同店を覗くと確実に食堂&大衆酒場化しており、七輪を囲む姿はあまり見られなくなりました。ということは、鮮魚居酒屋業態そのものは東京マーケットではブームが終焉したと言っていいでしょう。「牡蠣酒場」「オイスターバー」のトレンドも落ち着いてきました。

新しい動きとして注目したいのは、魚卸しのプロや漁師ネットワークを活かした〝新仕入れスタイル〟でサプライズ感を提案する業態です。

市場に乗らない魚種や魚質の鮮魚を仕入れて、高級魚や珍魚を低価格で提供する「築地もったいないプロジェクト 魚治」。魚屋が経営する小売り兼業の「タカマル鮮魚店」型の業態もさらに進化するでしょう。そして、いまじわじわとトレンドになりつつあるのが「熟成魚」です。高級寿司店では「寝かす」技はごく当たり前ですが、すべて熟成魚という業態も出てきました。しかし、トレンドになるには、低価格化が必要です。その点で、ご当地居酒屋業態を展開するファンファンクションの新店「熟成魚場福井県美浜町」には注目したいです。未熟成も含め6点盛りを一人前1000円で提供。熟成魚と旨味純米酒はよくマッチングします。純米酒ブームに乗って「熟成魚」マーケットはブレイクするかもしれません。

6 地方ブランディング

「次のエー・ピーカンパニーか？」と言われているファンファンクションがこのマーケットのリード役です。しかし、エー・ピーの「塚田農場」のような急速な多店舗展開は難しい。地方創生、地産他消（地産都消）、地域ブランド振興、6次産業化といった流れは国策でもあり、1次産業再生の視点からも飲食店の役割は高まる一方です。軸トレンドであることは変わらないでしょう。

7 ネオエスニック

これはグローバルダイニング卒業生たちの活躍が大きい。とくに「アガリコ」ブランドを展開するビッグベリーの大林芳彰社長の功績は評価したいと思います。彼が仕掛けたパクチーブームも本格化してきました。アジアン系業態は、アジア各国の料理の進化ともシンクロし、さらなる広がりを見せるに違いありません。それから、メキシコ、キューバや南米系のヒスパニック業態もさらに進化していくでしょう。

「大衆ガストロ」と「イートグッド」

そして、いよいよ２０１６年の予測。

私は新たに「大衆ガストロ」の到来を予測しつつ、「２０１６年はイートグッド元年！」というキーワードを打ち出しました。

まずは「大衆ガストロ」。グローバルの時代、ＳＮＳのデファクト化で、いまや海外のトレンドと東京、あるいは日本の地方の食に関する情報は瞬時に「同期化」します。いま「お皿の上の芸術」を競うミシュランガイドよりも、「食のあり方を含めたトータル評価での価値あるレストラン」をランキングする「世界のベストレストラン50」のほうがリスペクトされています。そのベストレストラン1位を4回も獲得したのがデンマークの「NOMA（ノーマ）」です。

「ノーマ」はすべての食材を自国でとれたものだけを使い、驚くような表現法で料理に仕立て上げていく手法が注目され、デンマークの飲食シーンを変えたばかりか、世界中のトップシェフたちに影響を与えています。

日本でも「ノーマ」によるイベントが開催され、大きな反響を呼びました。「お皿の上」だけでなく「お皿の向こう側」の食材、それを育てる自然環境、生産者のストーリーなどの価値を伝えることの重要性をガストロノミー界に提案したわけです。こうした流れに影響を受けた日本の若手シェフは、新しい動きを始めています。このノーマとかつて話題になった分子ガストロノミーのエル・ブジで修業した経験を持つ橋本宏一氏がオープンした代々木上原の「セララバアド」。食材をナチュラルに取り入れながら、エル・ブジ的な分子科学的手法で独創性の高い料理をつくり上げます。しかもドリンクのペアリング込みで1万円前半というリーズナブルな価格で提供。こうしたクリエイティブな料理とドリンクペアリングで1万円前後という「大衆ガストロ」が続々とオープンしています。これは2016年の新しいトレンドになるでしょう。

そして「イートグッド」です。アンテナの高い飲食店オーナーがいま一番行きたい都市といえば、北米西海岸のポートランドです。私も2015年10月に行ってきましたが、「イートローカル」「サスティナブル」「クラフトマンシップ」「ネイバーフッドコミュニティ」といった時代が求めているキーワードが詰まった缶詰のような都市でした。とりたてて美食を追求する店は多くはありませんが、クラフトビール、クラフトコーヒー、クラフトワイン、オーガニックを日常的に当たり前に取り入れたコンセプトが主流でした。

すべての店、料理に、つくった人の固有名詞があります。自前でできないものは自然とコラボが生まれ、シェアされます。こうした価値観は日本の若手経営者たちにもじわじわと浸透しています。「何のために飲食店をやるのか」「誰のために料理をつくるのか」といった本質的な問いがいま、一人ひとりの飲食店経営者に突き付けられていると言っていいでしょう。

２０１６年の業態トレンドとしては、「肉業態、魚業態の多様化」がますます進みます。付加価値を打ち出した「ネオ居酒屋」「ネオ大衆酒場」もどんどん増えます。パクチー、スパイス、ハーブ、餃子といったアイテムを取り込んだ「ネオエスニック」も新たな拡大基調に入ります。日本酒、クラフトビール、日本ワイン、さらに国産の果物、野菜を使ったドリンクで差別化する店も増えます。オーガニック野菜の見直し、発酵食材の見直しなどの「ナチュラル回帰」も広がっています。地方活性化業態、６次産業化推進業態も地方創生の波に乗って継続発展します。これらのすべての業態に共通するテーマ、それは「イートグッド」です。２０１６年は「イートグッド元年」となるでしょう。店づくり、メニューづくりの発想の原点に「イートグッド」を置いて考える。それが基本となる年だと思います。

「ネオスタンダード」の発想法とは…

そして、2016年下半期の予測。トレンドのベースになるのは、やはり「イートグッド」という考え方です。そして、新たな胎動とも言うべき「ネオスタンダード」というキーワードを打ち出してみたいと思います。

「ネオスタンダード」というのは、昔から長く続いてきた業態を新しい価値観で再現するということです。そば、うどん、焼鳥、大衆酒場、フレンチ、イタリアンなど、何でもいい。オーセンティックな本質的部分を引き継ぎ、その地域、街の新しい資産として長く根付くような業態にリモデルすることです。ある繁盛店オーナーはこう語ります。

「30年、50年続く老舗であるために、いまどんな業態をつくるのか、〝逆算〟して考えるのです」

この〝老舗の逆算〟こそが「ネオスタンダード」の発想法です。大きな尖った山はいらない。しかし、小さな尖った山が山脈のように連なる。そんなイメージの業態でしょうか。一回登ればいいという険しい山ではなく、何度も何度も登りたくなるようななだらかな山脈です。私がずっと業態トレンドで打ち出してきた「ネオ大衆酒場」などはその典型です。「ネオ割烹」や「ネオ炉端」などもそうでしょう。天ぷらをスタンディングでワインとともに楽しむ恵比寿の「喜久や」もネオスタンダードです。ネオスタンダードに欠かせない要素は〝職人〟と〝定番料理〟。長く受け継いでいけるキラーコンテンツ、発祥のドラマを語れるストーリーも必要です。

２０１７年のトレンドも、「イートグッド」「ネオスタンダード」を軸に新しいステージに入ると見られます。業態トレンドとしては、以下の５つのキーワードをあげておきましょう。

1　ネオ酒場

これまでの大衆酒場だけではなく、ネオ専門酒場。例えば、ジビエ、魚貝ビストロ、肉酒場などの新しいスタイルが出てくるでしょう。

2　クラフトコンテンツ

クラフトビールだけではなく、クラフトサケ（希少な純米酒）、クラフトワイン、クラフトウイスキー、クラフト焼酎、クラフトサワーなど。また自家製醸造、自家製蒸留、職人の手による創作料理といったその店にしかないクラフト感を提供できること。新しい体験の提供がポイントとなります。

3　ネオガストロノミーバル

バルはさらに進化しなければ生き残れません。ネオガストロノミー（大衆ガストロ）はかなり店が増えています。しかし、1万円前後という価格では大きなマーケットにはなりません。そこで、ネオガストロノミーがバルスタイルに進化する。またバルがネオガストロノミーの手法を取り入れて進化する。こうした「ネオガストロノミーバル」が登場してきたわけです。これはある程度大きな波になるに違いありません。単価は5000円前後です。

例えば、大阪梅田で話題のお初天神裏参道で人気のフレンチバル「ル・コントワ」を運営するザダイニングの東京初出店の新業態「バール ア ヴァン パルタージェ」。梅田同様に、正統派フレンチをカジュアルダウンし、料理をタパスサイズにしてグラスワインも少量の50cc、300円からというカジュアルさです。

4　ネオB級コンテンツ

餃子、焼きそばなどB級グルメと言われるコンテンツをリモデル化した業態。餃子バー、餃子バル、シャンパン×餃子といった業態が増えています。焼きそばも新しいスタイルが登場。例えば白金にオープンした「無添加 焼きそばBARチェローナ」。ミート矢澤の新業態で、シロガネーゼたちの間で話題。無添加＝イートグッドアイテムを打ち出したのも新しいです。

5　ペアリングスタイル

ワイン、日本酒、和酒バリエーションなどです。クオリティの高いフードメニューを提供することが前提となりますが、ペアリングを提供できるビバレッジセンスと品ぞろえスキルを持った新世代系の業態が増加しそうです。

2012年から過去5年間にわたり、私が唱えてきた「飲食トレンド予測」をキーワードとともに振り返ってみました。表現は変わっても、軸トレンドを指摘したテーマやキーワードは変わっていません。その軸トレンドに沿ったさまざまな業態が出てきて、それはどんどん進化してきました。大事なことは「トレンドの軸を外さない」「軸を外さずに業態を進化させること」です。

さて、2017年から始まるこれからの5年間はどんな軸トレンドが来るのでしょうか？ 2020年には東京オリンピック・パラリンピックがあります。それに向けて東京はさまざまな開発が進み、世界都市としてバージョンアップしていくでしょう。飲食のマーケットもさらに活性化していくでしょう。

しかし、うわついていては始まりません。しっかりと地に足をつけて「意味のある繁盛店」をつくり続けること、人々が求めている「必要とされる店」をつくり続けることが大事です。ではどんな軸トレンドに注目すべきでしょうか？

「これから取り組むべきテーマを2つあげると何ですか？」

そう私が聞かれたら、ずばり「ネオ酒場」と「イートグッド」をあげたいと思います。この二つは、これからも軸トレンドになり、さまざまな業態を生み、進化させていくでしょう。5章では「ネオ酒場」、6章では「イートグッド」を取り上げ、詳しく解説していきます。

怒濤の勢いで店舗数を伸ばす人気のせんべろ酒場「晩杯屋」のメニューは、客単価2000円以下になるように設定されている。業界最安値を謳う「樽詰めフリージングハイボール」（250円）は定番ドリンクの一つ。フードも「手羽先チューリップフライ」（110円）、「マグロ納豆」（180円）とリーズナブル。その分スタンディング席を中心にして回転率を上げている。

第五章

「ネオ酒場」が街を変える

～人と人との距離を縮めてくれるのは、いつも酒である～

TOKYO FOOD NEWS ONLINE
FOOD
STADIUM

「居酒屋の空洞化」の先に…

「居酒屋の空洞化」は、私が飲食業界に向けて発信している持論です。ワタミを代表とする大手チェーンの「総合居酒屋業態」が不振に陥り、あげくの果てに低価格競争という消耗戦でお客さんから見放されてしまいました。効率主義を追求する「居酒屋」、ありきたりの「居酒屋」はすでに過去の遺物だと思います。では、「居酒屋」の再生はどうすればいいのでしょうか…。

「ウィキペディア」によると、「居酒屋とは、酒類とそれに伴う簡単な料理を提供する飲食店である。主に酒類を提供している点で一般のレストランと異なる。またバーやパブなどは洋風の店舗で洋酒を中心に提供しているのに対し、居酒屋は和風でビールやチューハイ、日本酒などを提供している店が多く、バーやパブに比べると料理の種類や量も多い」とあります。チェーン居酒屋が登場してきたのはわずか50年前。1967年創業の「天狗」あたりからです。その前に創業した「養老乃瀧」は〝大衆酒蔵〟としてスタート。「居酒屋」という言葉が明確に生まれたのは「和民」が登場した1980年代からとまだ新しいことは第一章で述べました。

いま「居酒屋」という言葉から連想されるのは、宴会、飲み放題、クーポン、そして〝甲子園〟でしょうか。要は、業態としての実態が見えなくなってしまっているのです。私はその現象を「居酒屋の空洞化」と言っています。居酒屋の空洞化によって、いま起きているマーケット現象は、「客単価2000円台のネオ大衆酒場」「客単価4000円台後半からのネオ炉端、ネオ割烹」という上下業態に二極化していることです。

では、「居酒屋の空洞化」の先には何があるのでしょうか。居酒屋はこのまま消滅してしまうのでしょうか？　そうではありません。大衆酒場以上炉端・割烹以下の「ネオ居酒屋」マーケットが、再編成されてくるのではないかと私は見ています。その一つの方向性が食材の専門性を極めていく「専門特化型酒場」であり、産直、生産者支援、地方ブランディングを志向していく「ミッション型居酒場」でしょう。すでに「産直型鮮魚居酒屋」や「ご当地ＰＲ居酒屋」は増えていますが、これからは「ネオ酒場」スタイルとしてますます増えてくるのではないでしょうか。

そして、もう1つの方向性、これが〝居酒屋スピリッツ〟への原点回帰志向です。居酒屋スピリッツとは、「目の前のお客さんを楽しませる」「できるだけ個性的なメニュー、ドリンクを取り入れ、店主の個性、オリジナリティを極める」ということです。その原型は「楽コーポレーション」や「魚真」グループにあると私は思います。そして、その卒業生やインスパイアを受けた若手オーナーたちがいま「ネオ居酒屋」づくりにチャレンジしているのです。彼らが客単価3000～4000円ゾーンでハイクオリティな新しい酒場をつくり始めたのです。あたかも「居酒屋の空洞化」を埋めるかのように……。

「酒場マーケット」の復権

私はここで、「客単価2000円台のネオ大衆酒場」と「3000～4000円台のネオ居酒屋」をひっくるめて「ネオ酒場」と定義づけしておきたいと思います。「ネオ酒場」はこだわりのあるドリンクをそろえ、お酒寄りにシフトしたことで〝酒場ポジション〟になるからです。これからは、「居酒屋」が空洞化して、客単価4000円台までの「ネオ大衆酒場」「ネオ酒場」、客単価5000～6000円台の「ネオ炉端」「ネオ割烹」へと業態が進化していくと私は見ています。

とくに、これからは「酒場マーケット」が復権し、「ネオ酒場」が街を変えると思います。「ネオ」

業態をリードする店が恵比寿の「おじんじょ」です。広島県三原市の「みはら神明鶏」と広島県産レモンを使った極上レモンサワーを堪能できる〝晩酌屋〟がコンセプトです。オーナーの高丸聖次さんは、広島県三原市の出身。高丸さんは、20代で楽コーポレーションが展開する「楽」「汁べゑ」「くいものや楽」といった活気ある店舗でのアルバイト経験を通し、飲食の楽しさと居酒屋の面白さを知ったと言います。ご当地キラーコンテンツメニュー、新定番メニュー、ご当地サワーを打ち出したドリンクメニューの差別化、この3つがポイントです。同店が開発した広島産レモンを使った「塩レモンサワー」は大ヒット商品となり、ほかの飲食店にも一気に広がりました。また、鹿児島黒糖焼酎を炭酸で割る「乙ハイ」（乙類ハイボール）も提供しています。こうした手づくりのドリンクや新しい飲み方の提案をしていくのも「ネオ酒場」の特徴です。客単価は4000円、常連比率は8～9割と大衆酒場並みの高さです。

楽コーポレーションで13年修業し、宇野隆史氏のDNAを受け継いで3年前に吉祥寺の「呑・喰・燃じぃま」をオープンしたのが、コジマ笑店の小嶋崇嗣さん。高知県から直接仕入れる魚介が美味しいと評判の店は、藁焼きと炉端が自慢です。野菜は三鷹・調布の地場野菜が毎朝店に届きます。「基本、料理も調味料も手づくり、無化調（化学調味料不使用）です。幼い頃から母親から自然のものを食べるように教わったので、お客さんにもできるだけ自然のもの、新鮮なものをご提供したい」と話します。

２０１４年7月には高円寺に「CRAZY × COENZY まんまじぃま」、２０１５年8月には渋谷に「大衆酒場 酒呑気まるこ」をオープンしました。イートグッドポリシーを取り入れたこれからの「ネオ酒場」「ネオ大衆酒場」づくりに期待したい一人です。高丸さん、小嶋さんからインスパイアを受け、台東区の入谷というエッジの利いたエリアに最近「暮ラシノ呑処 オオイリヤ」をオープンしたのが當山鯉一さん。沖縄出身の當山さんらしい「島野菜のサラダ」や「やんばる地鶏の蒸籠蒸」などオリジナルメニューが目を引きます。ドリンクも沖縄産のホーリーバジルを使ったレモンサワーなど個性あるメニューが多いのが特徴です。こうした次世代オーナーたちのつくる「ネオ酒場」がこれから増えそうです。

こうした「酒場マーケットの復権」に期待したいと思います。若者のアルコール離れが叫ばれて久しいです。しかし、外食マーケットの現場ではいま、「日本酒」「クラフトビール」「日本ワイン」「地ウイスキー」「乙ハイ」などのアルコールドリンクが活性化しています。〝昼酒スタイル〟や〝女性一人飲み〟も軸トレンドになりつつあります。その共通したキーワードは「クラフト」（手づくり）です。最先端の酒場で飲まれているのはメジャーな日本酒やビールではなく、クラフトマンシップによってつくられたお酒だということです。

日本酒なら500万石以下の蔵元が丹精こめて手づくりで醸した純米酒が好まれています。クラフトビールは文字通りの手づくりビール。マイクロブリュワリーと言われる小さな醸造所の個性あふれるビールがいま大人気なわけです。これらを出す「純米酒専門店」「クラフトビール専門店」はどこも繁盛しています。工場でつくられた均一の味のお酒の時代はもはや過去のものになりつつあります。SNSの話題に上りやすいこれらの〝クラフト系ドリンク〟が酒場マーケット復権の主役だと私は思います。

「ネオ大衆酒場」の威力

ここで「ネオ酒場」マーケットの裾野を形成する「ネオ大衆酒場」についてもう少し深く見ていきましょう。「ネオ大衆酒場」は客単価3000円まで（2500円前後が中心価格）の大衆酒場の現代アレンジ版です。私が初めて「ネオ大衆酒場」というキーワードを発表したのは、2010年5月のコラムでした。こう書きました。

「串カツ田中」は関西串揚げを中心に大衆酒場的な定番メニューを格安で提供する。内装はシンプルでカフェのような空間。若者からファミリーまで客層は幅広い。客単価は2500円前後。同店を運営するノート（現・串カツ田中）の貫社長は「客単価をできるだけ押さえ、週に何回でも通ってもらえる地元密着型の店として育てていきたい」と語る。油も衣もソースもすべてオリジナルで、「老舗の関西串揚げの味」へのこだわりが売りだ。私は、「串カツ田中」は串カツ専門店ではあるが、そのスタイルは大衆酒場に近いと思う。いわば、「ネオ大衆酒場」業態と呼びたい。低価格だが、商品へのこだわりはしっかり持っており、毎日でも通える居心地の良さがある。こうした客単価3000円以下の「ネオ大衆」が今後、〝ポスト居酒屋〟業態として二つ目のトレンドになってくるのではないか。

そして、同年6月には、コラムで正式にトレンド予測のトップに掲げて、こう書きました。

…「ネオ大衆酒場」は、大衆酒場のエッセンスを取り入れた〝ポスト低価格居酒屋業態〟。若手経営者たちが新しい感覚で「大衆酒場」をつくり始めた。ポイントは〝低価格・高感性〟。「老舗の再生」にも挑戦。常連客を意識した「新定番メニュー」「新定番ドリンク」を打ち出して差別化。客単価は3000円以下。

さらに、2013年9月には、「増える『ネオ大衆酒場』業態に注目！」と題して、こんなコラムを書いています。

…アベノミクスへの期待消費も一段落し、物価の値上がりや消費税増税など、生活者にとっては財布の紐を緩めるどころか、〝経済的自己防衛〟の気運が広がってきた。やはり、飲食マーケットも「安くてクオリティが高い店」志向は強まる。そんな空気を映すように、「ネオ大衆酒場」がどんどん誕生している。

それからの「ネオ大衆酒場」の広がりは、かつてのワインバル、ワイン酒場ブームを凌ぐ勢いで増えています。いま私のまわりには、「物件があればネオ大衆酒場をやりたい」というオーナーがたくさんいます。これからは、「ネオ酒場」同様に、いかに定番料理で差別化できるか、酒類で尖れるかどうかの勝負だと思います。

「クラフトビール」のある大衆酒場

東急目黒線の西小山駅か武蔵小山駅へとつながる生活通りにオープンした大衆酒場「タキヨウ酒場」。商店街から住宅地へと景色が変わる間に赤いテントに白い暖簾、軒先に下がる赤ちょうちんが際立つ。その提灯には「クラフトビール」と白抜き文字が。ガラリ戸を開ければカウンターが迎えてくれる典型的な大衆酒場ですが、究極のコンテンツはクラフトビールを導入したことです。店主はクラフトビール業界では有名なブリュワリーでビアパブも展開しているベアードビール出身の鳴岡哲哉さんで、もっとクラフトビールを身近にしたいとネオ大衆酒場業態にチャレンジしました。

冷蔵庫に並ぶ8タップのうち、7タップは主に国産メインのクラフトビール。フードではもつ串焼きに冷奴、もつ煮込み、マカロニサラダ、店主の想い出の焼きそばといった大衆酒場定番メニューをそろえ、クラフトビールとのペアリングが楽しめます。ほかには下町エキス入り焼酎ハイボール、下町レモンサワー、バイスといったわかりやすい大衆酒場ドリンクをラインナップしています。さらに厳選した蔵元の日本酒や日本を軸にした自然派ワインといった〝クラフト〟にこだわる店主の価値観が際立つ店です。クラフトビールは小サイズ600円からですが、焼酎ハイボールは350円、もつ焼き120円～と、客単価は2500円の日常使いできる価格です。古典的な大衆酒場スタイルのなかに進化するクラフトビールを差し込む尖りぶりがまさに「ネオ」です。

蒲田駅西口。ドンキホーテの裏、下町の風情を残す通りにプロダクトオブタイムグループ（千倫義社長）の「大衆酒場ビートル」がオープンしました。ガラリ戸に白の暖簾が下がるファサードの奥にはコの字型カウンターが広がります。手前には大鍋が置かれ、大衆酒場のシズル感を高める演出です。壁にはメニューの短冊が下がり、設置されたテレビから常時、映像が流れています。ドリンクでは人気の酎ハイに、中サイズのみならず大サイズの生ビール、そして「本日のクラフトビール」もあります。平日は16～25時と夕方早くから、週末祝日は14時開店で昼酒が飲めます。

料理ではおでん、冷や奴などの定番に加え、パクチーボンバーや、白（胡麻ベース）、赤（辛み）、黒（カレー）の3種類の煮込みが新定番料理。大衆酒場らしからぬ「活車海老」もあるほか、謳ってはいませんが料理は基本店内仕込み、化学調味料は極力使わない主義を貫いています。ドリンクでは胡椒、生姜テイストのハイボールといった新しい時代感やオリジナル感を意識した面も見せていますが、昔ながらの庶民の酒場、大衆酒場らしさが再現された「ネオ大衆酒場」らしい店です。同社はクラフトビール、ビストロ業態を手がけてきたが、横浜市鶴見で〝お値段以上の大衆酒場〟を標榜する「大鶴見食堂」をすでにオープン、大衆酒場業態は2店舗目。FCで「串カツ田中」も2店舗経営。千社長は「これから『ビートル』を展開していきたい」と話しています。

イタリアンシェフがつくった「大衆酒場」

「日本一おいしいミートソース」で知られるイタリアンレストラン「トスカーナ」。運営は、イタリアンイノベーションクッチーナ（東京都渋谷区、四家公明社長）。武蔵小山で8坪の小さなスパゲッティ専門店からスタートし、20年以上も愛され続ける「日本一おいしいミートソース」を生み出しました。四家さんは自ら店に立ち鍋を振るイタリアンシェフです。そんなオーナーシェフの四家さんが新たなブランドとして立ち上げたのが「東京ミート酒場」です。1号店は浅草橋で2014年12月にオープンしました。

「東京ミート酒場」は、イタリアン＝ワインのイメージを刷新した「ワイン以外のお酒でイタリア料理を楽しませる」というコンセプトのネオ大衆酒場業態。ファサードのクリーム色のテントと緑・白・赤のイタリアンカラーのちょうちんが目印で、店の外観からは誰もイタリア料理を出す店とは思わないでしょう。四家シェフは真剣な眼差しで話します。

「ハイボールやサワーを飲みながら、演歌やムード歌謡を聴かせながら、おっさんにイタリア料理を食べさせたいと思い、とにかく店はコテコテにすることで入りやすい雰囲気を徹底しました。そして、『日本一のミートソース』をもっと多くの人に食べてもらいたいので、ターゲットは既存店には来ないようなおっさんにしています」

さらに続けてこう話します。

「イタリアのトスカーナ地方に行ったときに、市場にある屋台の透明な透き通ったスープで柔らかく煮込まれたもつ煮『ランプレドット』に感動しました。日本にもモツの文化があるので、これはウケると確信しました。自分がこの感動を日本中に広めたいと思い、そのときに撮った写真を頼りに肉屋さんをはじめ、食肉市場から牧場まで行き、試作と試食を繰り返した結果、やっとのことで牛の第四胃袋だと発見し完成させたのが名物の『牛塩モツ煮』です」

大衆酒場の定番、冷や奴は「肉味噌納豆とうふ」として、にんにく風味の挽肉に納豆を合わせるという斬新な発想。四家シェフの長年培って来た本格イタリア料理をベースに、プライドをユーモアや遊び心に変える勇気がなければできるものではありません。ドリンクにも、同店らしさが感じられます。大ジョッキのハイボールは「ダンベルハイボール」（680円）という楽しいネーミング。「梅肉サワー」（490円）は、梅を潰す手間をなくすことで、炭酸が抜けなくなり、すぐに美味しく飲めるというお客目線のやさしいドリンク。シチリアから冷凍直送されるブラッドオレンジの生搾り果汁100％を使った「ブラッドオレンジサワー」（490円）は、イタリア気分にさせてくれると人気。〆は「日本一のミートソース」の麺とソースを逆さにして提供する「のっけ麺」。これもユニークです。「『日本一おいしいミートソース』が常に進化しているのは、お客様の反応を見て、その心理と行動を探っているからです。お客様を幸せにするために、これからも外食を通じて我々にしかできない革新的なイタリア料理と提供方法を追求し続けます」と四家シェフ。「東京ミート酒場」の出店は、5年後100店舗を目指しています。「東京ミート酒場」浅草橋店は14坪で1200万円を売上げています。いよいよネオ大衆酒場のハイレベル競争の時代に入ったのかもしれません。

「ネオ酒場」の定義と特徴とは…

2016年6月3日付の「日本経済新聞」電子版ビジネスリーダーというコーナーに、「広がる『ネオ酒場』客同士が交流、開放感が若者魅了」というタイトルの記事が掲載されました。古川慶一記者が私にインタビューしてまとめたものです。一部を引用します。

…「酒場」と聞けばまずイメージするのは赤ちょうちん。常連でなければどこか入りにくい感じだが、最近では従来の大衆酒場とは少し違った、開放的で入りやすい「ネオ酒場」が若者の間で人気が広がっている。気兼ねなく入れることから若い女性も多く訪れ、関連した商品を発売する酒造会社も

出てきた。最大の魅力は狭い店内で生まれる他の客らとの予想外の出会い。新しい体験を求める「体験志向」を強める消費者心理が、人気の背景にありそうだ。

飲食店向けの情報サイトを運営するフードスタジアム（東京・渋谷）の佐藤こうぞう会長兼編集長は「酒場がコミュニケーションの場として見直されている」と指摘する。東日本大震災以降、人とのつながりを求める人が増えて、カウンター越しに店員の会話や偶然隣り合わせた人との交流が生まれやすい酒場の人気が強まった。佐藤氏は従来の大衆酒場とは違う、新しい酒場の形態を「ネオ酒場」と名付けて研究している。

ネオ酒場には明確な定義はないとしつつも「以前からの大衆酒場の価値を残しつつ、現代風に刷新していること」と佐藤氏は話す。例えば(1)開放的で入りやすい(2)定番以外の新メニューの開発(3)女性比率の高さ(4)清潔かつレトロ感――などを共通点に挙げる。

なぜネオ酒場は若者の心をつかむのか。フードスタジアムの佐藤氏は「未知なる体験を求める人が増えている」とする。赤ちょうちんがある大衆酒場は常連の世界で「一見（いちげん）さん」ではどこか入りにくい。でもガラス張りで開放的なネオ酒場なら父親世代が体験していた『昭和』へアクセスできる。「そんな一種の憧れからネオ酒場の市場価値が高まっている」と説明する。新たな体験を求める人が集う場所だからネオ酒場では人との交流が生まれやすい。同じお金を支払ってレストランでただ食事をするよりも、人との交流という「付加価値」があるネオ酒場の印象が強くなり、「また行こう」という気分になる。

よくまとめていただいていますが、改めて私なりに「ネオ酒場」の定義と特徴を整理しておきます。

1 「ネオ酒場」とは、「従来の居酒屋や大衆酒場の価値を残しつつ、現代風に刷新していること」。お客さんからいえば「新しさのなかに懐かしさを感じる」こと。

2 空間は、ガラス戸に個性的な色やデザインの暖簾、レトロモダンな内装デザイン。カウンターは必須（一人でも入りやすい、店主、店員、隣の客との距離感が近い）。女性も入りやすい明るさ、清潔感。

3 煮込み、ポテサラ、もつ焼き（串もの）などの酒場定番メニューを進化させた「新定番メニュー」をつくる。さらにネオ酒場らしいオリジナルメニューで差別化する。お通しは取らないか、

キラーコンテンツで勝負する。〆にも個性的なメニューを。

4　ドリンクは、酒場定番の下町ハイボール、酎ハイ、サワー類を必ず置く。加えて、生の柑橘類を豊富に使ったオリジナルサワーや緑茶割り、ヨーグルトハイなどで斬新さと健康志向をアピール。その店ならではのレモンサワーは〝ポストハイボール〟の有力候補。甘味旨味系の地酒日本酒、クラフトビール、乙類ハイボールも。メーカービールはラガー系の瓶ビール。

見逃せない「デザインの力」

これらのなかで、見逃せないのが「デザインの力」です。先述した渋谷の「酒呑気まるこ」、蒲田の「ビートル」は、暖簾、コの字型カウンター、壁一面のメニューの短冊などを現代風にアレンジしています。内装デザインも、ネオ過ぎない〝寸止め感〟が飽きさせない、通いたくなる空気感をしっかりと醸し出しています。「まるこ」のデザイナーはスタジオムーンの乙部隆行さん、「ビートル」は矢野寛明さんと、飲食業界では知る人ぞ知るデザイナーたちです。「大衆酒場のヒット仕掛け人」と言ってもよいでしょう。「ネオ大衆酒場」を一過性のブームにしない、老舗大衆酒場のように50年、100年続く業態に仕立て上げる、そんな意気込みを感じさせてくれるデザイン力にも注目したいです。「ビートル」のオーナーの千さんによると、大衆酒場を多く手がけてきた矢野さんが語るのは「酒場軸」ということ。いかに活気ある酒場の空気感をつくるかということに軸をおいてデザインするわけです。

また、乙部さんは、オーナーと必ず老舗の酒場にリサーチに行って、エッセンスを吸収するようにしているそうです。乙部さんは博多の大繁盛店であるネオ酒場「炉端 百式」（上山修社長）もデザインしましたが、そのとき「〝100年続いていく店〟がテーマだったので、その理由を探しに二人で京都や大阪、東京、仙台の老舗各店を巡りました」と打ち明けてくれました。

「僕が老舗の名店に視察に行くのは、老舗の在り方を〝今〟に置き換えるとどうなるのかなと考えているからです」と乙部さん。

乙部さんの師匠の金子誉樹さん（スタジオムーン社長）は酒場の本質についてこう話してくれました。

「呑みに行ったらやっぱり喋りたかったりするじゃないですか。隣のお客さんと仲良くなったり、店員さんと語り合ったり。そういう空間をつくりたいっていうのはずーっとあります。だからやっぱりオープンキッチンで、お客さんに『カウンターに座りたい』って言ってもらえるお店じゃないとダメだよね」

「酒場は、たとえ一人で来ても、店員さんとか、隣のお客さんと仲良くなれるかどうか。そこがやっぱり家飲みとも違うし、チェーン店とも違うところなので、そこは常に求めていきたいなと思っています」

乙部さんは、「酒場」と「居酒屋」との違いについて、こう話します。

「居酒屋と比べて、酒場や大衆酒場のほうが、余白や遊びの部分がより大きいのかなと思いながら店をつくっています。居酒屋のほうが縛りは少ないけど、逆に独自のルールがある分、酒場のほうが自由というか。だから『百式』でもドリンクのセルフサービスを導入したりしました」

その〝余白や遊び〟の部分をオーナーと、とことん話し合ったり、冗談を言い合ったりしながら決めていく。そこにそのオーナーとその店にしかない個性、オリジナリティを落とし込めるわけです。繁盛する「ネオ酒場」の神髄がここにあると思います。

「ネオ酒場サワー」も登場！

「ネオ酒場」には欠かせない新しい酒場ドリンク。居酒屋の定番として大きなブームとなった「角ハイボール」ですが、あまりに売れ過ぎて「角」のモルト（原酒）がひっ迫し、製造販売元のサントリーもいま積極的に売らないようになりました。〝角ハイボールの終焉〟です。サントリーはそれに代わって、グループ傘下におさめた米国・ビーム社の主軸商品「ジムビーム」のソーダ割りを〝ポスト・角ハイボール〟として大々的に売り出し始めました。しかし、ジムビームはバーボンです。日本人になじみの深いモルトウイスキーの「角」とは似て非なる存在です。これが〝ポスト・角ハイボール〟にはならないというのが私の意見です。

もともと、「角ハイボール」はじめウイスキーハイボール（ソーダ割り）は、大衆酒場には似合わないドリンクだと私は思っていました。大衆酒場のドリンクと言えば、「酎ハイ」か「サワー」です。酎ハイもキンミヤやタカラなどの甲類焼酎をボトルでキープして、生レモンやフルーツサワー（ハイサワーなど）、緑茶などと割って何杯も飲むというスタイルが定着しています。そうしたなかで、ここにきて「ネオ酒場」で再ブレイクしているのが「レモンサワー」です。恵比寿「おじんじょ」の広島産生レモンを使って大人気になっている「塩レモンサワー」の例をすでに紹介しました。私は、この「レモンサワー」こそ「角ハイボール」ブームに次ぐ酒場ドリンクの本命だと見ています。そのつくり方で個性を競う、「ネオ酒場」の看板ドリンクになると思います。

この市場に大手酒造メーカーも参入してきました。宝酒造は2016年4月から、ネオ酒場の広がりを受けて新商品「ネオ酒場サワー」を全国で発売しました。「塩レモン」と「クリアトマト」の2種類で、酒離れが進む若年層の開拓に向けた戦略商品です。

宝酒造では、この「ネオ酒場サワー」発売の理由について、こう発表しています。

「近年、昔ながらの大衆酒場を現代風にアレンジした、〝ネオ酒場〟と呼ばれる新しい酒場業態が、若年層を中心に全国で人気を集めています。こだわりの料理とお酒が楽しめ、気軽に入れる明るい雰囲気が特徴で、それぞれのお店でつくられているオリジナルの新名物サワー（チューハイ）が話題となっています。当社ではこのネオ酒場で親しまれている新名物サワーに着目し、当社独自の新しいチューハイを開発しました」

「塩レモン」は、沖縄産の塩と瀬戸内産レモンエキスを使用し、ミネラル豊富な沖縄産塩がレモンの爽やかな酸味を引き立てる味わいに仕上げているとのことです。また、「クリアトマト」は、秋田県産桃太郎トマトなどの旨みが凝縮した透明のクリアトマト果汁を使用し、食事に合うすっきりとした味わいに仕上げているそうです。

「ネオ酒場」のドリンクにヒントを得た大手メーカーが「ネオ酒場サワー」を発売するほど、このマーケットは軸トレンドとして定着しているということが言えるでしょう。そして、ますますこのトレンドは全国に広がっていくに違いありません。「これからどんな業態をやればいいですか?」と聞かれたら、私はまず、いの一番に「ネオ酒場をやりましょう!」とお答えしたいと思います。

第六章

「イートグッド」の時代が来た！

～あなたの身体はあなたが食べるものでできている～

TOKYO FOOD NEWS ONLINE
FOOD
STADIUM

「食」を通じてイイコトをしよう！

これからの外食業界や飲食マーケットを展望するとき、重要なキーワードになるのが「イートグッド」だと思います。私は２０１５年の初頭にこの言葉に出合い、それ以来ずっと「次はイートグッドが来る！」と言い続けてきました。まわりからは「本当にそんな時代が来るのか？」と言われて、いぶかしがられていますが、〝オオカミ老人〟と揶揄されても、私は「イートグッドは絶対に来る！」と今後も言い続けていきます。

「イートグッド」とは何か？

これは読んで字の通り、〝良い〟を〝食べよう〟、そしてただ食べるだけじゃなく、食を通じて良いことを実践しようという非常にシンプルな考え方です。その背景としては、昨今のオーガニックブームというものがあり、これは日本だけではなくむしろ世界的な潮流で、アメリカ、とくに北米において盛り上がっています。

最近のオーガニックブームは、かつての「マクロビ」や「ロハス」などのムーブメントと違い、一部の高所得者層による限定的な支持ではなく、一般的なごく普通の生活者が良いものに価値を求めるというトレンドです。日本の飲食業界においても、ここ1~2年は〝Farm to table（農場から食卓へ）〟をキーワードにした店が非常に増えています。生産者から直接届けられる安全で安心な食材をお客さんに提供することをコンセプトにした店です。

誰がどんな理念でどのような農法で育てた野菜なのか、その生産者の想いやストーリーを伝えることを大切にします。それは健康に配慮するだけでなく、生産者とともに農業の将来や地球環境を含めた持続可能な社会をつくっていくというミッションを共有するということでもあります。そうした背景から、イートグッドという土壌が広がってきていると言えます。ビジネスだけでなく、人々の生き方そのものに基づいた考え方ということです。

この流れを飲食業界、顧客という2つの軸から考えると、飲食業界では、大手チェーンに見られる大量生産・大量消費、いわゆる〝効率主義〟を求めることがだんだん行き詰まりを見せているように感じられます。冷凍食品、加工食品、あるいは中国など諸外国からの輸入食品を筆頭とするローコストオペレーションと、それによるコストコントロールが、食の安心・安全を脅かすようになりました。それに対して社会・顧客が反発しているということです。いま、世の中のニーズは〝価格重視〟から〝価値・体験重視〟に移り変わってきていることは、これまでも述べてきました。こうした大きな転換期のなかで、「イートグッド」という考え方がますます重要になっているのです。

「イートグッド」生みの親

さて、「イートグッド」という言葉の生みの親、それは株式会社エピエリという飲食企業の松浦清一郎さんと亜季夫人のお二人です。彼らは２００３年、「麹町カフェ」という８坪くらいのサンドイッチとコーヒーの店をオープンし、創業しました。もともと亜季夫人のご実家が山梨で畑をやっていて、無農薬・無化学肥料の野菜を使ったサンドイッチをつくりました。それがオフィスに勤めるＯＬさんたちに大好評となり、お店を拡大せざるを得なくなったそうです。そして２００６年、同店を４倍の広さがある物件に移転しました。

２００９年には自家製パンを使ったベーカリーカフェ「ファクトリー」を九段下に、そして

2012年にはワシントンでインスパイアを受け、チリビーンズと豆料理の専門店「チリパーラー9」を九段南にオープンしています。フードスタジアムが取材したのは、2015年の3月浅草にオープンした「スケロクダイナー」、「マニュファクチュア」という1〜3階建ての店舗です。こちらも非常に繁盛していて、オープンから夕方くらいまでずっと回転しています。1号店の麹町カフェを筆頭に、系列店のコンセプトはいずれも「季節の食材をシンプルに。できるだけていねいに自分たちでつくること」というものです。調味料に至るまで可能な限り手づくりし、お客さん側にとってはここで食べると体が良くなる、そして毎日来たくなるという良循環を生んでいます。

私は、2015年の初頭に、同社のことを調べていて、ホームページで次の文章に出合ったのです。このとき、全身に電流が走ったのを覚えています。

「エピエリは今、EAT GOOD（良いを食べる）を考えはじめました。EAT GOODの「良い」とは、有機野菜だとか無添加だとか、そういったことではありません。畑からパントリーへ、パントリーからテーブルへ、テーブルからお客さんの口へ——、そのつながりの中にある、お互いへの愛情、思いやり、リスペクト、そしてありがとうの気持ちを大切につくられたもの。それを考え、あつかい、調理し、食べてもらう。いただく。それがエピエリの考えるEAT GOOD（良いを食べる）です」

浅草にオープンした「スケロクダイナー」は、単に無農薬や有機野菜など、素材にこだわるだけでなく、ハムやベーコンなどの加工品から調味料に至るまで、自分たちでつくれるものはすべて手づくりする。例えば「フライパンにのったイングリッシュブレックファスト・パン付き」は、自家製のパン・ハム、野菜は松浦氏の住む三浦の契約農家から、松浦氏自身が毎朝運ぶものに加え、九州の契約農家や自社の山梨の農場で収穫されたものなど。その日の旬の素材を使用していました。

エピエリのホームページに公開されている「イートグッド」の信条をいくつかあげておきましょう。

・丹精込めて作られた生産者の方、そして物事の背景を想像する。
・おいしい一皿への出発地点となる食材に対して感謝の心を持つ。
・素材を大切に扱い、素材そのものが活かされる調理方法、プレゼンテーションをもって料理を提供する。
・料理を最もおいしく食べていただけるよう、フレッシュなうちに、熱いうちに、冷たいうちに提供する。
・家族や友人、大切な人に食べてほしいと思える料理を提供する。

などと、実にシンプルです。本当であれば当たり前のことですね。これが、エピエリの考える

「イートグッド」ということです。

松浦夫妻はこの「イートグッド」という言葉について、こう言っています。

「我々にとってイートグッドとは、あくまで社内で共有する理念であり、お客様に対する想いであって、世の中に対して提唱していくようなものではありません」

しかし、私はこの言葉がとても頭に残り、これからの飲食業界に必要なものだと思い、お二人に代わって世の中に対して提唱させていただいているというスタンスです。

エピエリが考える〝最高のテーブル〟とは何か。これが「イートグッド」の神髄だと思います。

「生産者、食材、お客様、コミュニティ、そしてエピエリのスタッフ──。テーブルを囲む全ての人と物が、幸せであること。それがエピエリの考える最高のテーブルです」

飲食店の「価値」をあげる理念

「イートグッド」とは、業態ではありません。「食」に対する考え方です。理念であり、行動です。

ビジネスモデルの軸であり、根幹となりうる価値観であるということです。

飲食店を何のためにやっているのか。「お金儲けでやっている」という人も多いでしょう。しかし、そういう考え方で店をやっていても長続きしません。お客さんに尊敬されないからです。お客さんに尊敬されない店がスタッフに尊敬されるでしょうか。

これからは、ミッションとかモラル、オーナーのあり方などが問われる時代に入っていきます。この「イートグッド」という考え方が広がり、実践するお店が増えてくれば、飲食業界全体の価値と地位が向上してくると思います。いま多くの店が人手不足という問題の対応に追われていますが、前述したようなお店が増えてくれば、自然と共鳴が起き、若い人が集まってきます。私はそう信じています。

いま「イートグッド」時代を迎え、お客さんの意識は、価格や皿の上の美味しさから、食材の背景へと向かい出しています。生産者と食材の大事さを共有し、それを飲食店を通じてお客様に真面目に美味しく、楽しく提供しようというコンセプトの店がじわじわと増えつつあります。そんな店が点から線へ、面へと広がり、外食のあり方を変え、時代を動かす日が来るに違いありません。

当たり前のことですが、それをハイレベルでやっていこう。できるだけオーガニックなものを提供する、化学調味料や添加物にまみれた食材や調味料を使わないこと、あるいは「ファーム トゥ テーブル」や「イートローカル（地産地消、地産都消）」は当然のこと。あえてそれを前面に打ち出さなくても、お客さんに伝わるようなスタンスの店が支持されています。かつてオーガニックやマクロビが流行った〝健康ブーム〟とは違います。当時は「ヘルシー＝美味しくない」というイメージが定着し、ブームで終わってしまいました。しかし、いまは生産者の努力と技術の進歩と飲食店のミッション、クオリティの力によって、格段と食材と料理のレベルが上がり、「ヘルシー＝美味しい」に変わってきたのです。

「イートグッド」をコンセプトとする店がここにきてにわかに増えてきています。それらを紹介していきましょう。

三軒茶屋に２０１５年３月、〝居酒屋価格でオーガニック料理を提供〟をコンセプトとする「SANCHA TEPPEN ORGANIC 85 BAL」がオープンしました。同じ三軒茶屋に「日本酒バル富成喜笑店」も経営するツイテルカンパニーの舟木雅彦さんの店です。ワインバルブームに乗って好調だった「ワイン食堂 テッペンバール」を思い切ってリニューアルしました。ボウル一杯に盛り付けられるオーガニック野菜サラダやランチのみで提供されるグルテンフリーのパンケーキなどの人気メニューはリピーターが多いそうです。ワインもビオ、日本酒も純米縛りです。提供価格を居酒屋値段に抑え、〝価格以上の価値〟を打ち出しているのも注目点です。一切販促はせず、口コミのみで価値に共鳴してくれる客をじっくり獲得していく戦略です。

「食の本来のあり方」を問う

「食の本来のあり方」が問われるいま、そうした流れは時代の必然でしょう。エピエリの松浦さんは、こう言っています。

「値段を払えば良いものは食べられるが、日常的に良いものを食べてもらいたい。地域の交流の拠点として、何世代も続くような使われ方をしてもらえたら嬉しい」。舟木さんもそんな店をじっくりと育てていきたいと言っています。

2015年5月にリニューアルした横浜西口の「ジョイナスダイニング」に大手有名店に交じって出店した「南青山野菜基地 横浜店」。青山のオーガニックレストラン「南青山野菜基地」の2号店目です。オーナーは野菜基地社長の中通寛記さん。1号店の「南青山野菜基地 青山店」と同様に、余計な農薬や肥料を使わず、自然（土壌）に負荷を与えない自然農法や有機農法でつくられた〝真っ当な野菜〟の持つ本来の味わいをシンプルに調理して提供して、予約の困難な超人気店となっています。「オーガニック＝信頼できる」と解釈し、野菜も肉も魚も可能な限り現地を訪ねて生産者に会い「食べる人」と「環境負荷」を考えて育てているかどうか、その生産者がどんな人かを自分たちの目で確認し、「安心できる」と自分たちで判断した食材のみを店で調理し、提供している、と代表の中通さんは話します。

日本各地の生産者と駅ビルの地下をつなげるのが同店の目指すところです。野菜基地では〝アホーガニック〟というキーワードを打ち出しています。オーガニック野菜は儲からないけど、良いものだからといってアホみたいに意地になってつくっている生産者に敬意を表して〝アホーガニック（AFFORGANIC）〟（Affordable organic）と呼んでいるのです。「オーガニックの店と言えば、今までは尖った場所や雑踏を避けた場所に多くありましたが、横浜店は駅のど真ん中の商業施設です。オーガニックレストランの常識を覆す〝ファストオーガニック〟が当たり前になるように広めていきたいです」と中通さんは熱く語っていました。

自社の畑で育てる「無農薬」「無化学肥料」「固定種」にこだわった野菜料理をメインに提供している若き飲食店オーナーもいます。代々木上原の人気オーガニックレストラン「ウィー・アー・ザ・ファーム（WE ARE THE FARM）」をはじめ4店舗を展開するALL FARMの社長、古森啓介さんです。2号店の恵比寿店の壁には「身土不二（しんどふじ）」と見慣れない文字が書かれています。これこそ同社の核をなす言葉です。現在ではマクロビの文脈で使われていますが、「その土地の、その季節の気候で育った野菜を食べることが、一番身近な健康への第一歩」という思想です。

「固定種を守っていきたい！」

この強いメッセージを伝えるために、古森さんがまず始めたのが「畑の土づくり」でした。千葉県佐倉市の1万2000坪におよぶ広大な「在来農場」で、150種類を超える野菜を栽培しています。すべて無農薬、無化学肥料、固定種。自然の力で育った野菜は、健康で、味が濃く、滋味に富みます。ですから、極力シンプルな調理が向きます。根っこから葉先までまるごと食材を食べる

「一物全体食」が、調理の理念です。古森さんは「野菜本来の姿である固定種を守っていきたい。それをもっと多くの人に食べてもらいたい」とも言います。同店の野菜で子供の好き嫌いが減ったという話も多いそうです。

このように生産と消費の距離をぐっと近づける、それがこれからの飲食店のあり方に違いありません。この店をメンター的に応援しているのが、エー・ピーカンパニーの米山久社長です。「古森さんがやっていることはウチのビジネスの方向性に通じるところがある。農業からやるということはおカネも時間がかかる。だからこそ、本気でじっくりと取り組んでほしい」と米山さんは話してくれました。

２０１６年1月には、野菜バル「スタンド・バイ・ファーム（STAND BY FARM）」を銀座・歌舞伎座の裏手にオープンしました。自社で育てた野菜を使い、極力シンプルに素材を活かした調理法で提供するというスタイルは変えずに、単価を２０００円も下げた挑戦店です。

「〝オーガニック野菜は高い〟というイメージがあります。価格を抑えることで、誰もがもっと気軽に楽しめる店にしたかったんです」と古森さん。同社の売りメニューである「ケールのワイルドシーザーサラダ」をなんと４８０円で提供しています。２０１６年3月には、西武池袋本店地下1

階の食品フロアに、無農薬のケールがメインのデリ「ケールファーム（KALE FARM）」をオープンしました。「ケールのシーザーラップサンド」（320円）などラップサンド10種類のほか、惣菜や野菜パン、ケールスムージーを販売しています。

2015年12月、千代田区四番町の旧日テレ跡地の一角に、忽然と平屋建てのスタイリッシュな飲食店舗「ナンバーフォー（No.4）」が姿を現しました。

経営は「ティー・ワイ・ハーバー（T.Y.HARBOR）」「シカダ（CICADA）」などを展開するタイソンズアンドカンパニーの寺田心平社長。同店のリリースによると、「ナンバーフォー」はカフェでもベーカリーでもレストランでもない、7つの「ハンドクラフト」を1つにした空間というコンセプト。

オープン当日に店を訪ね、寺田さんに聞きました。「このあたりはハイクラスのマンションも多いのですが、地域に住む人々に良質な食を提供している店が足りない。だから朝から夜まで通しで営業して、地域の皆さんの期待に応えたい。ファーマーズマーケットなどの食のイベントも地域のために開催していきたい」。オープン初日から客があふれ、手応え充分といった印象でした。

「ハンドクラフト」と「無化調」

7つの「ハンドクラフト」とは何でしょうか？
寺田さん自身がこう書いています（フェイスブックタイムラインより）。

「すべて粉から手で作るパン・『コーヒーフラワー（コーヒーの果実からできた粉）』の入ったピザ・店主が頑張って作った新商品の『クロッフィン』・ビーガン系も充実した料理・T.Y.Harborのクラフトビール・自然派ワイン・原宿 The Roasetery のサードウェーブコーヒー。色々ありすぎて何屋と聞かれても一言では言えないけれど、でもそれぞれの物が『クラフト』をテーマに手作りで高品質なものが集まっていて、朝8時から夜10時まで色々なシーンに普段着感覚で使える、そんなNeighborhood Place（近所の人たちが集うお店）を目指しました」

キーワードの「ハンドクラフト」を軸に、既存店が持つ商品や提供法を集大成したイートグッドライフスタイル提案型の飲食施設と言えます。麹町エリアには、「イートグッド」を提唱しているエピエリ松浦さんの「麹町カフェ」や自家製パン工房「ファクトリー」もあります。「ナンバーフォー」がオープンしたことで、シナジーが生まれれば面白いと思います。

このように、オーガニック野菜を極めたり、「固定種」を守る理念で農場まで持つ店や「ハンドクラフト」に徹底的にこだわる店が続々と生まれてきています。さらに、最近増えてきているのが「無化調・無添加」を掲げる店です。これもイートグッドの流れに沿うものです。第四章でも触れましたが、多店舗展開をしているネオチェーンのなかにも「無化調・無添加」を理念にする会社が現れてきました。その一つのイタリアンイノベーションクッチーナの四家公明社長は、フェイスブックでこう発言しています。

「調理理念　お客様と末長くお付き合いするために健康的な食材にこだわります！　当店は調理に化学調味料や化学調味料が含まれる調味料を一切使用しておりません！　体がよろこぶ料理をご安心してお召し上がりください」

こうしたチェーン店が増えることによって、イートグッドの波は外食業界を構造的に変えていく原動力となるに違いありません。

「ポートランド」カルチャーに学べ

「イートグッド」は国内だけの動きではありません、むしろ北米で大きな波になり、それが近年、日本にも伝播してきているといっていいでしょう。とくに北米西海岸の都市・ポートランドのカルチャーは、現在無視することのできない非常に大きなムーブメントになってきています。ポートランドでは、人口約60万の都市に、クラフトビールのブリュワリーが70軒以上もあり、いまもまだ増え続けています。クラフトビールに代表されるように、〝マスプロダクト（大量生産・大量販売）〟から〝クラフト（手づくり）〟へ、そういった文化が根付いていますし、〝組織〟よりも〝個人〟、〝競争〟よりも〝共存〟を目指す社会でもあります。クラフトや地産地消、サスティナブルを当然のこととして地域社会でみんなが実践しているわけです。こうした広がりがポートランド圏内を超えて、東海岸ニューヨークのブルックリンへ波及し、日本にまで伝播しているというのが世界の現状だと思います。

「ポートランド」はいま飲食業界のアンテナの高いオーナーの間ではキーワードとなっており、飲食市場の視察に訪れる業界関係者も後を絶ちません。私も2015年11月に視察ツアーを組み、日本の飲食店オーナーたちとリアルなポートランドを見てきました。やはり、この目で見てきたクラフトビールのブリュワリーの存在感には圧倒されました。そのほとんどがいわゆる「マイクロブリュワリー」です。アテンドをお願いした「オ州(オレゴン州)酒ブログ」主宰のレッド・ギレンさんによると、「ブリュワリーはもっと増えますね。ポートランドではクラフトビールとは呼びません。なぜなら、ビールといえばクラフトのことですから…」と言っていたのが印象的でした。それだけ、クラフトビールが街中に浸透しており、パブやレストランだけでなく、スムージーやベーカリー、ドーナッツの店にもタップ(ドラフトサーバー)がありました。各ブリュワリーが個性を競い、さまざまな種類のビールのテイストを発信していました。さらに「サイダリー(サイダー醸造所)」もいま次々に増えており、日本にも入り始めています。

一方、ポートランドにはダウンタウン、ニュータウンを問わず、個性的なコーヒーショップも多かったです。やはり、ハンドドリップのクラフトスタイルの店がほとんどでした。ポートランドでは、コーヒーもビールもサイダーも、そしてワイン(マイクロワイナリーも増えていました)も、「クラフトが当たり前」というカルチャーが浸透していました。世界一「クラフト」という言葉が似合うのがポートランドだと言っていいでしょう。
「ポートランドとは?」というテーマで、キーポイントをまとめると、こうなります。

・DIY(自家製)、クラフトというモノづくり、手づくりの文化が定着している。
・都心部と郊外の自然の環境が溶け合い、自然のものを大切にする、サスティナブルな考え方を食生活に取り入れるというライフスタイルが確立している。
・当然、オーガニック、自家製調理ということが飲食店でも当たり前のコンセプトになっている。
・地域、コミュニティを大事にするという人間主義が貫かれている。
・ユニークな業態、他人と違うことをやることがリスペクトの対象になり、そこにおカネが集まる。
・仲間、協業の相手を大事にする「コラボ」がキーワード。縦の関係ではなく、フラットな関係性を重んじる。
・「おカネじゃない、やりたいことをやり抜くために仕事と人生がある」という発想で起業する人が多い。

こういった「イートグッド」なカルチャーがまさにポートランドという都市全体に満ち満ちているわけです。あるクラフトビール業界関係者は、「この都市は、街全体が〝商店街〟だ。モールの似合わない街」と感じたそうです。外食業界で世界的に限界が来ている「効率主義」「利益市場主義」という考え方を超えた未来の姿がそこにはあるのではないでしょうか。ひるがえって日本の外食産業、飲食店のあり方を考えるにはいい視察都市だと思いました。

「外食維新」時代の幕開け?

ポートランドから、シアトル、サンフランシスコも回ってきました。シアトルのランチは、日本人オーナー、北村太一さんの寿司割烹「田むら」を訪ねました。あのアマゾン本社のあるイーストレイク郊外の幹線道路沿い。2010年7月オープンです。シアトルレストラン大賞も受賞している人気店。北村さんは、「サスティナブル寿司」(まぐろなどの枯渇が懸念される魚を用いない持続可能な魚介類を使用)をシアトルで2番目に打ち出しました。「田むら」の物件は、コンドミニアムの1階。

コンドミニアムのルーフテラスで野菜も栽培していました。「田むら」のコンセプトキーワードは、やはり「イートローカル」「サスティナブル」「シーズナル」です。シアトルの人たちも、地元愛、環境維持には敏感。いや、当たり前のライフスタイルとなっているのです。

サンフランシスコでまず最初に入った店は、メキシカンのファストフードチェーンの「チポトレ」でした。ファストフードも「オーガニック」「イートローカル」「サスティナブル」がキーワード。やはり、イートグッドは当たり前です。２軒目は、全米初上陸の「ミッケラーバー」。サンフランシスコでアテンドをお願いしたのはライターの関根絵里さん。関根さんは、「リアルフード」のムーブメントを仕掛けている方です。「リアルフード」とはオーガニックは当たり前、そこにサスティナブル的な理念をさらに深掘りしていこうという動き。私がいま唱えている「イートグッド」とほぼ重なる考え方でした。

サンフランシスコで最も注目すべきレストランは、〝世界のレストラン50〟に何度も選ばれたオーガニックレストラン「シェパニーズ」。ランチで訪ねました。契約農家から届いた野菜、食材を見てメニューを決める日替わり。カリフォルニア料理はここから始まったとも言われる店です。

関根さんは、『カルフォルニア・オーガニックトリップ』（ダイヤモンド社刊）という著書のなかで、こう書いています。

「オーナーであるアリス・ウォーターズ氏は、地元産・オーガニックの旬な食材を使い、『その日に仕入れた素材の持つ美味しさを生かし、その日のメニューを決める』という、一見当たり前のようで、実に難しいことを今から43年も前にやってのけた人物だ。彼女は、彼女と考えを同じくする地元の優良農家と仕入れネットワークを構築し、ローカル・オーガニックでかつ、サスティナブル（持続可能）な食材を使うことを強く提唱。現在に至るまで、数多くのレストランではこの精神が受け継がれている」

２０１６年４月、私はやはり飲食店オーナーたちを引き連れてニューヨーク視察をしました。ニューヨークを代表するイートグッドなレストランはマンハッタンから車で小一時間ほどの郊外にある農場直結型の「ブルーヒル・アット・ストーンバーンズ」です。２０００年に創業、ミシュランの三ツ星を獲得し、オバマ大統領はじめ、各界のセレブがお忍びで訪れるという〝ファーム　トゥ　テーブル〟の先駆けとなった店です。特筆すべきは、ここの共同経営者でシェフのダン・バーバーがサンフランシスコの「シェパニーズ」出身者であることです。「ブルーヒル」のあるウエストビレッジには、新宿「NEWOMAN」に上陸した「ローズマリーズ」の本店もあります。２階はルーフトップの農園となっていました。

西海岸ではサンフランシスコから「オーガニック」「クラフト」「サスティナブル」といったイートグッドスタイルがポートランドに飛び火し、多様で自由なかたちで定着していったように、ニューヨークでも「ブルーヒル」「ローズマリーズ」などのややセレブな〝ファーム トゥ テーブル〟スタイルが根付き、それがブルックリンの伝播し、ポートランドカルチャーの影響も受けつつ、ヒップスターたちが独特な〝ブルックリンスタイル〟を築きあげました。ブルックリンの北西に位置するウィリアムズバーグ地区は、いまでは観光客も多く訪れる、最もホットなエリア。個性豊かな人気の飲食店が集まります。

1999年、このエリアに小さな食堂「ダイナー」がひっそりと誕生しました。この店を開いたのはアンドリュー・ターロウという人物。食材を州内の生産者から仕入れる。スタッフは店の近くに住む若者を採用。その日にとれた食材で、メニューを作る。常連客は、今日は何が食べられるのかを楽しみに来店する。生産者、店、客の三者の間にハッピーな関係をつくることを目指し、地元と深く付き合い、ブルックリン的イートグッドカルチャーの形成に多大な影響を与えた店です。

このように、いまや北米の飲食スタイルは、マクドナルドを代表とするかつてのジャンキーなチェーン店のイメージはほとんどありません。これらの大きな波は必ずや日本の外食マーケットを変えていくに違いありません。

２０１５年11月の「シェイクシャック」上陸や２０１６年4月の「ローズマリーズ」上陸は、米国的な「新外食」＝イートグッドという〝黒船〟の襲来であり、日本の「外食維新時代」の幕開けの象徴となる出来事かもしれません。

「クラフト（=手づくり）」文化が定着しているポートランドでは、ビールと言えばクラフトビールのことを指す。写真は、銀行員から脱サラしてポートランドでブルーパブを開業したCOMMONS BREWERYの代表ジョシュ・グルガスさん（左）と同社のブルワーのみなさん。

第七章

これからの飲食店、生き残りの条件

～強い者が生き残るのではない。変化に対応し進化した者が生き残るのだ～

TOKYO FOOD NEWS ONLINE
FOOD
STADIUM

いまこそ、基本に帰れ！

最終章では、私がこの15年間、飲食業界、飲食店経営者たちの栄枯盛衰を見てきて、「生き残るために何をすべきか」「飲食店、飲食企業はどうあるべきか」について、率直に述べてみたいと思います。私はいま考えるべきテーマ、視点として、「バックトゥベーシック」「ミッション&ストーリー」というキーワードをあげたいと思います。

まず、「バックトゥベーシック」。

「基本に帰れ！」という外食企業に対する価値観に大変化が起きています。繰り返しますが、「効率主義」「拡大主義」「利益至上主義」から、オーナーのポリシーを感じる「手づくり、クラフト主義」へ、競争ではなく「共存、コラボ主義」へと価値観がシフトしているということです。効率や拡大主義はあくまで手段なのに、それを目的にしてしまったことへの反省が問われているのです。「FL管理」「マニュアルオペレーション」が目的になってしまい、優秀な人材は外食企業から流出し続けています。店のコンセプト、ターゲット、客単価に合う客数をどう伸ばすか、いまはそれが重要なポイントです。新しい体験を提供して、お客様を感動、歓喜させることが先であり、場合によっては、原価率50％とか80％とかのキラーコンテンツも必要。客数が伸びれば、結果としてのＦＬは目標通りに落ち着きます。

人材教育もそうです。大手チェーンが右肩上がりで伸びていた時代は、マニュアルを叩き込む一種の〝洗脳型教育〟でも良かったと思います。しかし、いまや福利厚生も整えず、上からの一方的な人格破壊的な教育では「ブラック企業」と見なされます。末端のアルバイトまでを含め、「人を活かすマネジメント」をしていく必要があります。従業員の人格、個性を認め、経営理念が一人ひとりの腹に落ちていなければなりません。エー・ピーカンパニーはアルバイト学生の出口（就職先）までをフォローするという念の入れようです。

次に、「ミッション＆ストーリー」。使命感と物語です。ＳＮＳの発達で、飲食店選びの基準が変わりました。便利な場所にあるとか、有名なビルに入っているとか、そういうことはあまり重要な選択基準にならなくなりました。ネットで検索して、口コミを参考にし、「ここは1回行かねば」とか「この店のこれを食べたい」といった目的をはっきりさせて店を選ぶ時代です。

そんな時代に「選ばれる店」になるということはどういうことでしょうか。お客様のアンテナに訴求する店のポリシー、キラーコンテンツメニュー、バリューなどが明確でなければはらないということです。「なぜその店、その業態をつくったのか、なぜその食材、メニュー、その価格なのか」といった店づくりの理由と意味、オーナーのミッションが問われているのです。

とくにイートグッド時代は、食材についても、「だれがどういうポリシーで生産し、加工しているのか」。そこに誠実さ、真面目さがあるかどうか。そういう生産者や食品会社と価値観を共有しながら、その良さ、価値を伝える。そして、出汁やソースや調味料などもできるだけ手づくり、自家製にこだわる。仕込みにもしっかり時間をかける。その大切さをスタッフと共有する。「手間をかけているなぁ…」と思ってありがたく食べて飲んでもらうことが、リピートにつながり、店が長続きするのです。

そして、その店のポリシーを伝えるストーリーも重要になってきています。テレビドラマ『下町ロケット』の人気も、社長のモノづくりにかけるミッションや新商品新技術をつくり上げていくストーリーに視聴者が共鳴しているわけです。その共鳴、共感というものがSNSを通じてシェア、拡散されていき、大きなトレンドになるということです。

「物ではなく、物語を売れ！」

いまマーケティングの分野では、「物を売るな、物語を売れ！」という言葉が注目されています。ストーリーブランディングの専門化、川上徹也氏が提唱しており、売れない時代に物やサービスを売るためには、物ではなく物語を語ることで「独自化」「差別化」していくということです。これは、外食業界で言えば、奇跡の急成長を遂げたエー・ピーカンパニーがその事例の代表格と言えるでしょう。同社の代表店舗である「塚田農場」や「四十八漁場」は、宮崎・日南市の養鶏場づくりから始め、宮崎の自社漁船で漁師が朝獲りした鮮魚をその日に東京の店舗に運ぶ。そうしたストーリーは、同社独自のものであり、他の居酒屋チェーンとの差別化を訴求できました。それが同社の急成長のバネになったことは間違いありません。しかし、ここで注意しなければならないのは、食関連ビジネスの場合、そのストーリーは「リアル」、つまり事実に基づいたノンフィクションでなければならないということです。「食品偽装」につながりかねないフィクションは通用しないと考えたほうがいいです。

ノンフィクションでさえあれば、そのストーリーが決して美談である必要はありません。要は、顧客一人ひとりの心に響くことが大事なのであって、いかに「いいね！」をもらえるか、共感、共鳴してもらえるかが肝心なのです。先日、リサーチで訪ねた丸の内国際ビル地下1階の「築地もったいない プロジェクト 魚治」は、まさにいま時代が求めている「物語」を体現したような店です。「もったいない！」という言葉はいわばタイトル。まず、それに惹かれます。「何だ？」「どういうことだ？」と関心が湧きます。同店のコンセプトは、築地の仲卸業者とタイアップし（ここまではよくあるパターン）、「競りで残った魚」を仕入れて安く提供する（ここまでもよくあるパターン。「魚金」グループがそうです）。同店が違うのは、〝その魚たちの悲劇〟のストーリーをメニュー開発に活かし、顧客にきちんと伝えていることです。

例えば、「のどくろの煮付け」と「かぶと焼き」、「白子まーぼー煮」。のどくろは「トロール漁で揚がったんですが、網で傷がついてしまって売り物になりませんでした…」。まぐろのかぶとは、「輸出用だったんですが、デカ過ぎて重量オーバーのため通関を通らなかったもの…」。そして、白子は「雪のためセリ時間に到着が間に合わなかったもの。緑がかっていたので麻婆にしました…」。このような解説が一つひとつあるので、お客さんは「なぜ安いのか」「安くても品質はそんなに変わらない」「むしろ、こういう魚を食べてあげることで漁師さんが少しでも潤えばありがたい…」と感じるわけです。すでに、お客さんはその「もったいない劇場」という物語の出演者の一人になっているのです。ガッツリ肉を食べるために〝登山する〟という吉祥寺の「肉山」、サンフランシスコからやってきて「焙煎して24時間以内の豆しか売らない」という、青山、清澄白河などの「ブルーボトルコーヒー」なども物語を売っているといえるのではないでしょうか。これからの飲食店経営者は、優れた「ストーリーテラー」であるべきだと思います。

自分の得意分野を極め、これまでにないスタイルの業態や料理を打ち出すことが重要です。大胆な発想で、時代が求めているテーマに挑戦してほしいと思います。

そして、肝心なことは、人々のマインドに刺さるメッセージやマインドを動かすストーリーをしっかりと描きあげることです。オーナーが「シナリオ」を持つことです。ミッション、ビジョンはもちろん大事ですが、それを顧客に伝えるシナリオがこれからもっと重要になります。「割安感」を感じさせるコンテンツ（価値型商品）でサプライズを提供し、その背景にあるコンテクスト（文脈・ストーリー）で自店の魅力に惹き込ませてファンにする。そういうシナリオが必要なのです。これからの飲食店経営者は優れたシナリオライターでなければならないということです。

いまの顧客は、マスではとらえきれません。暮れの12月に予約で団体さんを入れて喜んでいるようなオーナーはマーケットの構造的変化がわかっていないと思います。1月以降、店では閑古鳥が鳴き、また「次の3月の団体シーズンを待とう」と考えてしまう。これでは思考停止です。変化するマーケットを先取りするどころか、負け組に入るパターン。

いまの顧客は「個」でとらえなければなりません。「個のマインド」を押さえなければならないのです。SNS時代、「個」は敵にも味方にもなります。いや、いかに味方にするかを考えるべきです。これからの経営者はフェイスブックをはじめとしたSNSを使いこなすこと。そして、いかに「人と違うことをやる」かです。繁盛店のベンチマークもいいですが、「ここは自分ならこうする」「こう変えればもっと面白くなる」といった視点でリサーチしてほしいと思います。それから、これからの経営者は海外のマーケットを見るべきです。SNSで世界の飲食マーケットや繁盛店情報が「共有」される時代。井の中の蛙では、自己満足店しかつくれません。海外のマーケットを自分の足で歩き、自分の目で見て、自分の舌で確かめるべきだと思います。そうした経験値を店の「シナリオ」に反映させることが重要です。絵に描いただけでは本物の店はつくれません。お客さんは経営者の血と肉が詰まったシナリオを読みたいのです。

「ノームコア」の時代の飲食店

キーワードとして登場した「ノームコア」。米国のファッション業界から発信された用語で、「ノーマル」と「ハードコア」をミックスした言葉です。「ノームコア（normcore）」の意味は、見た目は普通のファッションだが、着る人の強いこだわりが感じられるスタイルのことです。いまそのスタイルが、確実に飲食のオーナーたちに浸透しつつあるのです。「個」を極めることが「普通」になる。逆に言えば、「普通の普通」では生き残れない時代が来たということです。最近のニューオープンの店をリサーチして感じることですが、肉業態や◯◯バルといった流行りを追うだけ、あるいはコンセプト先行型の店が多い。オーナーが本当にそれをやりたいという〝コア（核心）〟の部分が見えないのです。見た目は派手で流行に乗っているようですが、「個性」がまったく感じられません。

神田から日本橋方面へ中央通りを歩くと、室町交差点があります。その地下にあった「キリンシティ」の跡に出店した「muromachi café 3+5（HACHI）」。2015年6月オープンの店です。立川で大人気の古民家キッチン「ロジ」と「ジリオ」を経営する秋吉一平さんが運営しています。80坪

120席の大箱、空間はログハウス風だがコンクリートやメタルの素材も程よくミックスした落ち着いた雰囲気の店です。朝7時から夜23時までの通し営業で、オーガニックで手づくりの料理やコーヒーを提供するイートグッド系の店です。秋吉さんは「『やさしいを食べるカフェ』がコンセプトです」と言います。有機野菜だからとかどうかというより、自分たちが見て触れて食べて、おいしくて安全安心な食材を選び、自分たちでちゃんと調理して提供する、それが彼の表現したい〝コア〟なのです。シンプルなカフェスタイルですが、その「やさしいを食べる」ことに関するこだわりはとても強いわけです。

やはり2015年6月に三軒茶屋にオープンしたのが、山形食材を使ったフレンチBBQスタイルの焼鳥を看板とした「和音人 月山（わいんびと がっさん）」。オーナーは狩野高光さんです。恵比寿のワインバルから独立し、ほかの焼鳥店で修業しながら、1年半かけて物件を探しあてました。ありふれた焼鳥業態のなかで、この店が売りにするのは、山形ハーブ鶏を使い、葡萄の枝木で素材に瞬間スモークをかけ、香り高く仕上げた焼鳥です。ワインはもちろんのこと、日本酒にも合わせて楽しめるオリジナル商品です。山形にこだわったのは、店長が月山の麓の町出身だったことから。その町は高齢過疎化が進み廃れつつあります。豊富な農作物や地域資源を活かした伝統文化を守り残し、未来に伝えたい。そのために、自分たちができる「村おこし」のかたちを具現化したのがこの店というわけです。「焼鳥」と「ワイン」「日本酒」の店はたくさんありますが、これほど強い想いを込めた進化系の業態は少ないと感心しました。入りやすい業態ですが、オーナーたちの想い、個性は非常に強い。まさにノームコアな店と言えるでしょう。イートグッドを極めれば、当然ノームコアに行き着く。それがこれからの飲食店のスタンダードになっていくような気がします。

飲食店の「価値」とはなにか？

東京マーケットはもはや「業態」を論じる時代ではなくなりました。「理念」や「ミッション」の感じられない企業は、お客さんからリスペクトされません。見た目だけの身の薄い「上げ底型」の店舗、繁盛店のパクリやフェイクでいくら店を伸ばしても、すぐにメッキが剥がれてしまう時代です。業態の寿命は限りなく短くなりつつあります。お客さんは「価値あるもの」「意味あるもの」には消費を惜しみませんが、カタチだけの流行りものには目を向けなくなってきています。企業側、店側はこれから、本物の価値や意味をお客さんに提供していかなければ生き残れないのではないでしょうか。欺瞞はもちろん、虚飾やオーバートークが通用する時代は終焉を迎えているということです。

では「本物の価値と意味」というのは、何でしょうか？

私は数年前から「価格から価値への転換」を訴えてきましたが、いまやあらゆる飲食企業関係者が「価値だ」「価値だ」と叫んでいます。そんな人たちに「価値って何？」と聞くと、たいていの人は具体的に答えられません。「価値」といってもお皿のなかだけの話ではありません。お客さんからすれば、その店にわざわざ行くための絶対的、必然的理由を決めるのが「価値」です。オーナーの生き様、思想、シェフの腕、食材、料理のクオリティはもちろん、クリエイティブさ、サービススタッフのマインド、内装、音楽、客層、店やほかの客とのコミュニケーション、あるいはその店にたどり着くまでのストーリーを含めて、すべてのコンテンツ、コンテクスト（文脈）が「価値」なのです。

その「価値」を表す表現、キーワードとは何でしょうか？

そんな疑問を抱いていたときに出会った店が下北沢の「サーモン&トラウト」でした。知ったきっかけはシェフ・森枝幹さんのフェイスブックで「ノームコア」について触れていたからです。森枝さんの投稿を見て、すぐ予約を入れて店を訪ねました。料理はすべてお任せ。ファーマーズマーケットの仕事もやっている森枝さんが選ぶ食材は間違いありません。生産者の顔がどうのこうのはあまり表には出しませんが、お皿はとてもクリエイティブでした。一品一品にこれまたお任せのドリンクがペアリングで出てきます。いま増えてきているペアリングスタイルのガストロバルです。スタートはクラフトビール。白ワイン、シングルモルト、個性的な白ワイン、赤ワイン、そして最後に日本酒。食べながら飲みながら、カウンター越しに森枝さんとの会話が弾みます。面白い。楽しい。居心地がいいと感じました。そんな会話をしながら、「森枝さんがいま、飲食のキーワードだと思う言葉は何ですか？」と聞いてみました。すると、森枝さんがポツリとつぶやきました。

「『コンフォータブル』なんですが、ちょっと違うんですよね。『ボナファイド』がいまピタリと来るかな…」

「ボナファイド」という言葉

森枝さんから出た「ボナファイド」とは、ラテン語で「BONA-FIDE」と書きます。意味は「誠実」「誠意」「善意」。地域に密着し、常にお客さんとパートナーでいられるということです。ラテン的な緩さや楽しさ、ユーモアなどの感覚もあります。ジャンルや格式（星など）、他人の評価（食べログや口コミ）にもこだわらず、自然体、等身大でお客さんと向き合う。虚飾を廃し、当たり前のことを当たり前に。ただし、オーナーやシェフの好きなこと、やりたいことは自由にやる。それを客とともに楽しむ。そこでは客同士も自然な会話が生まれる。そんな居心地のいい（コンフォータブル）な空間をつくる。それが、「ボナファイド」だということです。外食のホスピタリティの権威、力石寛夫さんは、ある会合でこう言っていました。

「もう、誰々のための『for』の時代ではない。これからは誰々とともにある『with』の時代」

この「with」も「ボナファイド」に通じます。「顧客のため」とか、「生産者のため」とか、そういう意識は表に出さない。それはもはや当たり前のことだからです。「価値」をシェアし合う時代は、店もお客さんも生産者もフラットでフレンドリーなパートナーだということ。「ボナファイド」という言葉を、飲食業界から発信し、その意味を深く掘り下げていき、飲食店のオーナーの皆さんの店づくりに落とし込んでほしいと思います。

最近、「もう業態で売れる時代は終わったんじゃないですか？　業態を追いかけていくのも疲れてきたし…」といった〝業態終焉論〟を語る経営者が増えてきました。たしかに、これだけ業態が進化し、セグメント化されてくると、〝出尽くし感〟が蔓延してきます。「業態は陳腐化する。大ヒットした業態は必ず陳腐化する」。そのことを私は何度も言ってきました。トレンドサイクルが短くなり、いまや〝業態の寿命〟は2年とも3年とも言われているということは第1章で書きました。そこでいま私が提唱したいのは、「業態をつくる」という発想の枠をいかに破るかということです。これからはそこがポイントになるのではないでしょうか。

「業態」から「業型」へ

「業種」とは、顧客に何を売るかです。「業態」とは、顧客にどのように売るかです。例えば「俺のイタリアン」は、イタリアンバール業態ですが、「立ち飲みにして高級食材を安売りする」ことによって、業態の枠を超えてブレイクしました。また、「東京ミート酒場」は「本物のイタリアンを日本の大衆酒場スタイルで売る」ことによって大繁盛店となり、大々的にテレビでも取り上げられました。このように、最近は〝業態破りの発想〟から超繁盛店が生まれています。これらは、外食業界における「イノベーション」の事例だと私は思います。業態の枠を破ることによって、イノベーションが生まれるということです。

それは、新しいビジネスモデル（業型）の創造でもあると思います。そこで、私が提唱したいのは、外食、飲食業界も「業態づくり」から「業型づくり」へ脱皮しなければ、これからの飛躍はないということです。「業態」をいくら量産したところで、陳腐化するのは目に見えています。ある意味で「何屋かわからない」店づくりのなかにこそ、イノベーションのタネがあるのかも知れません。そこに挑戦する企業こそ、先端企業ではないでしょうか。

そこで重要なのは、やはり「ミッション」です。ミッションなき「業態」は、「業型」（ビジネスモデル）までたどり着けません。人に真似されたり、陳腐化して終わります。人のやってないこと、誰もやってないこと。それを探して、やり続ける。迷いながら、行きつ戻りつしながら、やり続けていると、自分しかできないやり方や進むべき道が見えてくるのです。やるべきこと、立っている位置が絞られてきます。軸が固まってきます。それが、「ミッション」ではないでしょうか。

例えば、熟成肉が流行っているから、「熟成肉とワインの業態」をやろうとします。その時点で、アウトだと私は言いたいです。そうした安易な業態発想では、競争にのみ込まれ、埋没するのが目に見えているからです。業型発想は、「なぜ、熟成肉をやるのか？　熟成肉を通じて、ウチの会社（店）はどんな価値を顧客にもたらすことができるのか？　そのためには、どんな仕組みをつくるのか？」と考えるのです。そして、「まだ無名で弱小の生産者の肉をブランディングするためにやれないか？」「店内熟成させることで、顧客がサプライズするような価格破壊やプレゼンテーションができないか？」といった「ミッション」が生まれるわけです。それが差別化ポイント（独自のポジショニング）になるのです。

「ブランディング」の時代

まとめてみましょう。業種＝顧客に何を売るか。業態＝顧客にどのように売るか。それに対して、業型＝顧客に価値を伝える仕組みをどうつくるか、ということです。「我々が顧客に与えられる価値とは何か」（ミッション）、そして、その仕組みをどうつくるか」（業型発想）を考え抜き、実行すること。それによって、競争状態から突き抜けることができるのです。言ってみれば、これが「ブランディング」ということだと思います。

オーナーのミッションやメッセージが伝わる店。いま、それが求められているに違いありません。いまや「どんな繁盛店をつくるか？」「どうしたらヒット業態をつくれるか？」といった“What?”“How?”の時代は終わり、「なぜ、その店をつくるのか？」「誰にミッションやメッセージを伝えたいのか？」といった“Why?”“Who?”が問われる時代が到来しているということです。

飲食マーケットが「価格の競争」から「価値の競争」の時代に移り、ようやく価値組＝勝ち組という見方が大きな流れとなってきました。次のステップは、価値をどう「ブランディング」するかということです。

外食業界、飲食店の業界で「ブランド」と聞くと、何をイメージするでしょうか？　大手チェーン店ならば、「スターバックス」などのナショナルブランドが浮かびます。意識するとしないとにかかわらず、いまや「スタバ」は人々のライフスタイルに取り込まれています。料理界では、いわゆる「老舗」やミシュランの星付きの高級店や有名シェフの名前が浮かびます。しかし、ここ数年不振にあえいでいるファストフードやファミレスチェーン、居酒屋チェーンは、企業名や店名はメジャーブランド化しているものの、あまりいいイメージを喚起しません。むしろ、「積極的には利用したくない」という意見が少なくないのではないでしょうか。収益至上主義に走る新興ベンチャーチェーンなどにも、トップの言動、宣伝や販促行為がブランディングと逆行しているケースが目立ちます。

一方、中小の飲食企業や名もない個店はどうでしょうか。一部の企業や店舗を除き、「ブランディング」を意識して経営にあたっているところは少ないのではないかと思います。そんな高尚なことより、日々の営業、集客、接客に追われているのが現実でしょう。「いや、ウチは有名なデザイナーにロゴやサイン、ホームページをつくってもらいました」「メニューブックにおカネをかけました」「毎月、広告サイトに宣伝を出しています」と反論する向きもあるでしょう。しかし、それらは「収益を上げるための手段」であり、「ブランディング」とは言いません。

ブランディングコンサルタントの櫻田弘文さん（クエストリー代表取締役）は、「ブランディングとは手段ではありません。自社（自店）の価値をつくり、顧客と共有することであり、それ自体がミッション（目的）とならなければいけません」と言います。櫻田さんによると、「ブランディング」は企業なり店舗なりのミッションの確認から始まり、その目的に叶う価値を見つけ、育て、形にし、そして顧客に伝える、入り口から出口までの一貫した作業ということです。まずミッションを立て、価値を見つけることから「ブランディング」が始まります。長い道のりのようでいて、実はこの「ブランディング」こそ、これからの飲食店、飲食企業には求められているのではないでしょうか。

常に「現場第一主義」であれ！

さて、いよいよ最後の節となりました。これからの飲食マーケットを引っ張るリーダーはどういう人物でしょうか。いまの私の目に映っている東京外食マーケットの絵は、かなりカオスであり、アナーキーです。2016年の9月中旬に東証マザーズに上場した「串カツ田中」が話題を集めましたが、これから全国展開し、「鳥貴族」を追う展開になるのでしょうが、やはりマーケットを動かすのは、「個店力」に勝る経営者たちでしょう。その街と物件に合わせた箱を丁寧につくり、そこに魂を吹き込むプロデューサー（経営者）たちだと思います。

「これからは店をつくれるコンサルタントより、コトを起こせるプロデューサーの時代」です。飲食店が〝個店主義〟時代に入り、お客さんを〝個客化〟することが重要になってきました。オーナーの個性、生き様、発信するメッセージに、個としての客が共鳴し、〝ファン化〟する時代です。店のブランドや料理も大事ですが、お客さんに「この店って、私が求めていた場所」と言わせるメッセージ性を常に発信していなければならないのではないでしょうか。それは、トップが現場感覚、働くスタッフの目線に立っていなければできないことです。〝顔のいい店〟にはお客さんが集まります。お客さんが集まれば、顔にまた表情ができます。「お客さんが店の顔をつくる」と言っていいでしょう。そして、お客さんが増えれば、店をも増やせるのです。店を増やすことが先にあるのではないということです。

そして、大事なことはスタッフが楽しんで仕事をしているかどうかです。ベイシックスのガン（岩澤博）さんは、「本来、飲食店というのはお客様も従業員も本気で楽しむ場ではないか」と口癖のように言っています。「感動するとは、そういうことでは？」と。ガンさんは年間何百軒とお店を訪れますが、「私が飲食店で本当に感動したと思える店は数えるほどです。感動、感動と騒いでいる店に限って、従業員の自己満足やマスターベーション的な店ばっかりです」と言います。

そういえば、ウインザーホテルのトップはかつてこう言っていました。

「サプライズはこちらが提供するものだけど、〝感動の領域〟には踏み込んではいけない。〝感動〟はあくまでお客さんの領域だから」と。〝感動〟を商売にしてはいけない、ということでしょうか。

まぐろ人グループ、ティーケーエス会長の神里隆さんは、昔、私のインタビューでこんな発言をしていました。

「私がうちの従業員によく言うのは、お客さんを楽しませるよりも、まず、あなたたちが楽しめ、ということです。あなたたちが楽しければ、あなたたちが鏡になって、お客さんも楽しめる。従業員が楽しくなくて、お客さんが楽しいわけがない」

「現場の最前線でサービスする従業員のなかで、お店の利益が落ちているんだと思う。だって、彼らのサービス一つで、お客さんはもう一杯オーダーするんですから。鏡が曇らず、活き活きするためにも、新しい、楽しめる店をつくっていかなければなりません」

スタッフは客の鏡、常に鏡を磨いてなければならないということです。そして、経営者はその鏡が曇っていないかどうかを見守っていかなければならないということです。そういう経営者がこれからの新しい時代を引っ張っていくことになるのだと思います。

TOKYO FOOD NEWS ONLINE

FOOD
STADIUM

第八章

佐藤こうぞうの飲・食・人・語

～現代のビジネスマンが知っておくべき32の事柄～

TOKYO FOOD NEWS ONLINE
FOOD
STADIUM

戦略戦術論

【こうぞうのつぶやき①／不易流行】

繁盛店には二つある。一つは「不易」である。何十年も変わらない老舗名店。その変わらない味と雰囲気、そして世代は変わっても本質を受け継いだ大将や女将の人となりに、客は通い続ける。もう一つ「流行」である。それは一時的なものではなく、時代や人々のニーズやウオンツに応えながら進化し続ける店。アップル創業者のスティーブ・ジョブズが言うように、「球があった場所」ではなく、「球が向かう先」を目指して客の心を引っ張っていく店である。二つに共通するのは、「普遍性」。飲食ビジネスにおいても「不易流行」は金言なのだ。

【こうぞうのつぶやき②／勝ち負けの考え方】

ビジネスは戦いである。勝ち負けがはっきり出る飲食ビジネスもそう。「勝ちは偶然、負けは必然」という。勝つときは運や偶然だが、負けるときは必ず理由がある。一度の失敗はしかたないにしても、その失敗から学び、二度と同じ失敗を繰り返さないこと。また、勝ちに驕らず、常に負けないよう万全の体制で臨めという教訓でもある。「勝たんと思うな、負けまじと思え」ともいう。勝ちを焦るあまり、高い家賃や人件費でスタートし、失敗するケースはよくある。負けることを想定せず、やたら高い売上げ予想に基づいた損益分岐を立てたりする。「負けは必然」のパターンである。常に「負けない戦い」を土台に、「勝ちは必然」のセオリーを構築していくことが大事だ。

【こうぞうのつぶやき③／コインの裏表】

ものごとには表だけ、裏だけというものはなく、すべからく表裏一体、光と影、陽と陰によって成り立っている。強みは弱さにもなり、弱さを認めたところから強みが出てくるということもある。トップが自分の店の表や光の当たるところ、強みばかり見て増上慢になっていると、必ず落とし穴が待っている。常にコインの裏側が何なのかを把握しておくことが大事である。

【こうぞうのつぶやき④／脚本とキャスティング】

優れた映画や演劇は、いい脚本とキャスティングによって生まれる。同じように、飲食店もコンセプトとストーリー（脚本）、料理・サービススタッフ（キャスティング）によって成り立つ。オーナーや店長は毎日異なる観客を芝居や映像で楽しませる監督でなければならない。

【こうぞうのつぶやき⑤／リスクは「安易」に住みつく】

超低投資居抜き開業、徹底的なローコストオペレーション、それがベストなローリスク経営だという考え方がいまの飲食業界を支配している。しかし、成功する経営者はそれをあくまで「手段」ととらえている。ダメな経営者は、それを「目的」と考え、安かろう悪かろうの店をつくって失敗する。「楽して儲けよう」という安易な考え方は、ローリスクに見えて実はハイリスクにほかならないのである。

【こうぞうのつぶやき⑥／矛盾と止揚】

飲食ビジネスの発展は実は「矛盾」との戦いである。いい食材で手づくりの料理を出そうとすれば原価率が上がる。職人や経験豊富な人材を入れようとすれば人件費が上がる。スケルトンからいいデザイナーを使って内装しようとすれば初期投資が高くなる。逆にそれらをすべて安上がりに抑えれば、つくりたい店ができない。この矛盾をどう解決するかが飲食店経営の難しいところであり、同時に面白いところでもある。そこで「妥協」するか、「止揚」するかで成功失敗が分かれる。止揚とは、対立軸を乗り越えて一つ上の高みに達することだ。

【こうぞうのつぶやき⑦／軸と回転】

今日は、ゴルフに行ってきた。やはり、ゴルフは〝軸〟と〝回転〟。軸がブレると球も飛ばないし、方向も間違う。飲食店もそうだ。店のコンセプトを立てたら、軸をブラしてはいけない。ゴルフでショットの軸が5センチずれると、球の方向は5メートル以上狂う。縦の中心軸と横の回転軸。この矛盾する縦横の回転をいかにシンクロナイズできるか？

【こうぞうのつぶやき⑧／流れを変える一羽の鳥】

〝複雑系の経済学〟が流行った頃、「カオスの論理」というのがあった。そのなかで、「流れ鳥群の方向はどう決まるか？」という課題があり、当然それは「先頭集団が決めるのだろう」と解答が多かった。しかし、正解は「中団の鳥たち」であり、しかも流れを変えるのは「一羽」だというのだ。飲食トレンドも、流れを変えるのは「一つの飲食店」ではないか、と私は思う。むしろ「我々がマーケットを引っ張っている」と思っている「先頭集団」は、新しい流れからはぐれるか、遠回りして後から付いていくしかないのかもしれない。「流れを変える一羽の鳥」になることが肝心だと思う。

【こうぞうのつぶやき⑨／戦略的撤退】

飲食ビジネスで大きな失敗をしないコツは、常に「仕舞いを考えておく」ということ。流れに左右されないと決意して始めても、大きな潮流の変化には勝てない。店を閉じることは「恥」ではない。ダラダラ続けて赤字を垂れ流すことこそ「大恥」である。「見切り千両」とも言う。やらざることを決めることも、トップの重い責任である。ただ、撤退するときは、同時に次の戦略を進めておく余裕がなければならない。枯れた木を刈りながら、一方で次の芽を育てている。これこそ、戦略的撤退だ。

経営者論

【こうぞうのつぶやき⑩／「バカであれ!」】

亡くなったアップルの創業者、ジョブズがよく演説で語っていた言葉に「Stay hungry, stay foolish」がある。ハングリーであれ、バカであれ！　少し成功したぐらいで浮かれて遊び回っていたり、知識ばかり豊富な取り巻きを置いたりしていい気になってはいけない。小賢しい知識を振り回しても、日々変化するマーケットや現場で起きるさまざまなトラブルには対処できない。プライドが邪魔して、小さな傷を広げてしまうこともある。大事なのは、バカになれる素直な心と応用力のある深い知恵。「猿が仏を笑う」ということわざもある。くれぐれも猿山のボスにはならないように。それこそ、本当のバカである。

【こうぞうのつぶやき⑪／皿洗い】

「なぜ、できる飲食店オーナーは皿洗いをするのか？」。フーターズが成功したのは、オーナーがお忍びで皿洗い係になり、女性キャストの不平不満を聞いて、それを改善したからだし、カーディナスの中村文裕さんも、オープンには必ず店の皿洗いに立ち、オペレーションができるまでスタッフの動きや客の表情をチェックしている。ヴィノシティの藤森さんも居場所は皿洗い場なんですよね、と常に言っている。遊んでばかりいるマネーゲーム派の経営者に警鐘を鳴らしたいし、これから飲食業界に入ってくる独立開業者にぜひ教訓としてもらいたい。

【こうぞうのつぶやき⑫／井の中の蛙】

飲食店のオーナーは、「ほかの店は関係ない」とマーケットを見ようとしないタイプと「毎日がリサーチ」とあちこち食べ歩くタイプに分かれる。かつては前者のタイプでも通用したし、好んでそういうタイプのオーナーの店に行く客も多い。しかし、オリジナリティが価値となったいまのマーケットにおいては、〝井の中の蛙〟では勝てない。自分が「これがオリジナリティ」と思っても、すでにそれがほかの店でも出ていたりすることがよくある。あるいは、客のほうがオーナーよりも知っているケースが少なくない。できるオーナーは、マーケットのいまを知ったうえで、自分のオリジナリティをつくれる人ではないかと思う。「大海を知ってこそ、最強の蛙になれる」のである。

【こうぞうのつぶやき⑬／淡交のススメ】

これも荘子の言葉だが、「君子の交わりは淡きこと水の如し」とある。デキる人間は、あまりベタベタした付き合いをしないという教え。飲食店経営者のなかにもいつも同じ仲間と群れあって遊びに興じている向きもあるが、それによって得られるものより失うもののほうが多いのではないだろうか。情報が偏ったり、情が絡んだ決断をしたり、時には判断力を失ってしまったりしがちだからだ。「小人の交わりは甘きこと醴（れい）の如し」。ダメな奴の付き合い方は、ベタベタした甘酒のようだ、なんて言われないよう、トップはくれぐれも「淡交」を心がけよ！

【こうぞうのつぶやき⑭／粗にして野だが…】

最近の飲食業界の若手経営者たちの遊び方を見ていると、城山三郎の小説にある「粗にして野だが卑ではない」という言葉を思い出す。飲食経営者は粗野であったほうが成功する。しかし、卑であってはならない。先日も、ある30代の有卦に入っている社長さんの「卑」の光景を見せられた。親友のオープニングレセプションとはいえ、なんと夜の世界のお姉さんたちを両肩にはべらせて登場した。いくら稼いでいるかは知らないが、メディアの方々も見ている前で実に情けない。そういう遊びは、こっそりやりなさい！　彼は何十店舗という飲食店もやっている。その店のスタッフたちは、あなたの分身ですよ。お客さんは、それを見ているんですよ。恥ずかしくないですか？「粗野」と「卑」は、似て非なるものですよ。

マネジメント論

【こうぞうのつぶやき⑮／「ビジョン」と「ミッション」】

「ビジョン」と「ミッション」を混同してはいけない。「ビジョン」とは目指すべき方向性、将来あるべき姿を指し、「ミッション」とは企業の使命や存在意義、何のために存在するのかを定義する。たいそうな「ビジョン」を掲げても、「ミッション」を持たなければ、「仏つくって魂入れず」である。「ビジョン」が血となり肉となるには、本部スタッフだけでなく現場のアルバイト末端まで「ミッション」が貫き通されていること。企業理念はそれが正しいかどうかより、ホンモノになっているかどうかが重要なのである。

【こうぞうのつぶやき⑯／「ミッション」と「バリュー」】

目指すべき「ビジョン」と何のために事業をやっていくかという「ミッション」が決まれば、次は「バリュー」である。何を価値と感じ、どんな方法でミッションを実現するのか。

【こうぞうのつぶやき⑰／ブランドとは】

ブランドとは、要するに「中身のある業態をつくること」。中身をつくるには、まず企業なり店なりのミッションを明確にしなければならない。「この店は何のために存在し、誰の役に立っているのか？」。それを決めれば、自分たちが創造すべき価値がわかる。ストーリーが見えてくる。ブランディングは、そこから始まる。ミッションなき店は、中身がない店。表面を取り繕うだけの店をいくら増やしてもブランドはつくれない。ソーシャルネットワーク時代においては、とくにそうだ。

【こうぞうのつぶやき⑱／「信頼」という名のブランド】

なんだかんだ言ったって、繁盛店に共通するのは、この店は間違いないという「信頼感」である。料理もサービスも普通であっても、「信頼」という名のブランドを築けば、安定したリピーターがつく。では、その「信頼」への根柢にあるものは何か。妥協を許さないこだわり。絶対にお客さんに損をさせないという心配り。そう、それは店が醸し出す「空気へのリスペクト」なのである。ブランドは、空気になったら本物かもしれない。

【こうぞうのつぶやき⑲／大事なことは目に見えない】

「インビジブルストック」という経営の言葉がある。目に見えない資産、経営資源という意味。形に現れる商品や経営指標よりも、大事なのは社風や企業文化であるということ。飲食店もそうだ。どんなにヒットした業態も人気のメニューも、形あるかぎり、真似され、飽きられて、ついには陳腐化していく。しかし、その業態やメニューをつくり上げた、その企業、その店ならではの「想い」「理念」「努力」などの目に見えない資産は蓄積され、財産になる。それを積み重ねることが店舗力を生み出し、真の差別化につながるのだ。

【こうぞうのつぶやき⑳／伸びきったゴムになっていないか】

繁盛し、活気のある飲食店は、弾力性のあるゴムバンドのように、伸び縮み自由自在。求心力も遠心力もあり、まさにエネルギーがみなぎる生命体そのもの。しかし、トップが方向性を誤り、求心力を失い、売上げや店舗を増やすことだけが目的となってくると、組織も店舗も弾力性を失い、伸びきったゴムのようにエネルギーを喪失してしまう。原価コントロールされた料理、魂のないサービス、数字に縛られたオペレーションに陥り、お客さんは離れていく。伸びきったゴムのような店には、いいスタッフも集まらない。

【こうぞうのつぶやき㉑／無用の用】

一見無用に思えることも実は役に立っているという教え、老荘の思想だ。飲食店の場合にも、ハードソフト両面でそういうものがあるはず。トイレなんかも、手を抜こうと思えば最低限のスペックでできるが、手をかけてアメニティをそろえれば、女性客の評判を上げることができる。衛生管理なども「無用」と考えたら大間違い。「食中毒」を起こし、店の存続さえ危うくなることもある。一度、店内の「無用の用」を見直してみたらどうだろうか。

店づくり論

【こうぞうのつぶやき㉒／ひと味違う「新定番」を】

その店ならではの「名物メニュー」と、一般的な売れ筋の「定番メニュー」をどうバランス良くラインナップするかがメニュー開発のポイントだが、「名物」にはとことんこだわっても、「定番」が普通だという店が多い。

しかし「定番」こそ差別化し、その店の匂いを感じさせるメニューをつくるべきだ。売れ筋を減らして数を絞り、個性を際立たせる「新定番メニュー」がいま求められている。

【こうぞうのつぶやき㉓／足し算より引き算】

内装にしろ、メニューにしろ、「あれもこれも」と足し算発想でつくってしまうと、結局オーナーの自己満足の店が出来上がってしまう。やりたいこと、出したいものすべてをリストアップする必要はある。しかし、そこから客目線に切り替え、不必要なものは切り捨て、そぎ落としてみる。そのとき、本当に自分の店ならではの「オリジナリティ」「本質」が見つかるものである。ただ、引き算し過ぎてシャビーな店になっては、元も子もないが。

【こうぞうのつぶやき㉔／店舗デザイナーとの付き合い方】

飲食店を開業するとき、少ない資金のなかで、内装デザインをどうするか？　オーナーはみんな悩む。私も相談をよく受けるが、デザイナーは絶対に入れた方がいい。餅は餅屋と言う。しかし、デザイナーには「作品」をつくってもらうのではなく、繁盛するための「仕事」をしてもらわなければならない。デザイナーが有名かどうかなんて、関係ない。あなたが思い描く店をつくるための「仕事」ができるかどうか、それが第一だ。

【こうぞうのつぶやき㉕／業態と企画を一緒にしちゃダメ】

飲食店のニューオープンを取材していると、「新業態」というコピーを簡単に使ってしまう。私はいつも反省している。「業態」について、ある方からこう言われた。「業態とは売り方。売るものを変えただけじゃ新業態とは言えない」。なるほど、業態開発とは、売り方の仕組みそのものを変えることなんだ。売るものを変えるとか、コンセプトを変えるということは、要は企画に過ぎない。そこを混同してはいけない。

【こうぞうのつぶやき㉖／家賃と売る力】

最近、「投資早期回収型ビジネスモデル」が注目されている。要は、初期投資の低い居抜きで、家賃も安い物件で開業し、1年以内で回収しようというビジネスモデル。しかし、飲食はそんなに甘くないよ。初期投資や家賃が低ければ、儲かるなんて幻想だよ。「売る力」がないのに、早期回収型モデルを打ち出しているヤツらは問題だね。家賃は、月坪10万円売る自信があるなら坪1万円、20万円売る自信があるなら坪2万円を借りるべきだと私は言っている。月坪20万円を売る実力がないのに、坪2万5000円、3万円の家賃で店を始めるオーナーもダメ。肝心なことは自分の「売る力」が先だということ。それがあってこそ、家賃を低く交渉できるんだよ！

【こうぞうのつぶやき㉗／「売れ筋」はほどほどに】

一つの業態が当たれば、一気に類似業態が増えるのがいまの飲食マーケット。カジュアルワインや日本酒、熟成肉業態などはまさにそうだが、どうしても似たような「売れ筋メニュー」が氾濫するようになる。売れ筋を並べれば店側は安心するかも知れないが、客はもう飽き飽きしている。あなたの店ならではの匂いのする料理を食べたいのだ。「売れ筋」を減らし、「定番」や「隠れメニュー」を充実させよ！

【こうぞうのつぶやき㉘／すべての席に座ってみたか？】

飲食店は料理やサービスがもちろん大事だが、私は「席に座ったときの居心地感」を最も気にする。それは立ち飲みでもそうで、客として店の空間すべてと向き合う「位相」が重要なのだと考える。いい店は、どこに座っても落ち着く。オーナーとデザイナーは、すべての席に座って、客の目線と感覚で、視野に入るすべてのポイントに、違和感がないかどうかチェックすべきではないだろうか。

【こうぞうのつぶやき㉙／客は「完璧」を好まない】

完璧な料理、完璧なサービス、完璧なオペレーション。客は必ずしも満点を求めていない。60点以下では困るが、80点、90点ぐらいがちょうどいい。あとの20点、10点は「お客さんと一緒につくる」ことだ。だから、「足りないところ」を指摘してくれるお客さんを大事にしなければならない。「クレーム」もそう考えれば、〝宝〟である。

【こうぞうのつぶやき㉚／客単価は客が決める】

客単価は誰が決めるのか？　客単価論はいろいろなセオリーがある。業態コンセプトが決まったら、次は客単価を想定し、客数を掛けて売上げの売上げシミュレーションをつくる。しかし、今は客が自ら「この店ではいくらな使う」と決める傾向が強い。だから、「ここは4000円ぐらいかな？」という客に、4500円以上の価値を感じさせ、支払いは3500円以下で済ませられれば、絶対勝つ。この〝500円マジック〟が重要なんだ。

【こうぞうのつぶやき㉛／混沌ということ】

荘子の寓話に「混沌」というのがある。とても強くて皆から慕われていた「混沌帝」は目も耳も鼻も口もなかった。そんな帝に世話になった他の帝が、混沌の目と耳と鼻と口の7つの穴を毎日1個ずつ開けてあげた。そしたら、7日目に死んでしまったという話。解釈はいろいろだが、私は「混沌」だからこそ、エネルギーがあふれていると思う。小賢しい知識や秩序を求め過ぎると、エネルギーは失われてしまうということだ。この話は、飲食ビジネスに通じる。「混沌で、あるがまま」が大事である。横丁や大衆酒場の賑わいはまさに混沌。活気あふれる空気感は、まさに混沌ではないか！

【こうぞうのつぶやき㉜／〝オーナーズブランド〟の時代】

「業態」で勝負する時代は終わったのではないか？　もちろん、フレンチとかイタリアンとか和食などの業種切りなんてもはや意味がない。これからは、スタイルを打ち出す「オーナーズブランド」「シェフズブランド」の時代だ。オーナーやシェフに限らない。「プロデューサーズブランド」「クリエイターズブランド」もあり。企業ブランドではなく、ハウスプロデューサー、ハウスクリエイターを育てること。飲食=企業ブランドでは真の顧客エクスペリエンスはつくれない気がする。もちろんオーナーがプロデューサーであり、クリエイターであるのが一番いい。「○○（オーナー名）ブランドの店はどこも間違いない、すべて行ってみたい」と思ってもらえるようになること。これなら、店や業態が陳腐化することはないのではないか。次の世代に残していくこともできる。

TOKYO FOOD NEWS ONLINE

FOOD STADIUM

あとがきにかえて〜「外食の未来」について

この本を書き終えて、いささか外食業界を悲観的に見過ぎているのではないかと誤解されないか心配です。私がこの本を通じて言いたかったことは、「外食の未来」は可能性に満ちているということです。ただ、これまでのシステムやマジメントにこだわって、変化に対応できない企業や店は厳しいということです。

「脱皮できない蛇は死ぬ！」といいます。大転換期は、ピンチをチャンスに変える絶好のときです。外食マーケットが縮小しても、飲食店ビジネスは消えることはありません。私のまわりには、「いまこそ攻める時期」とばかりに、人を増やし店を増やしているオーナーがたくさんいます。彼らは仕事だけではなく、地方や海外によく視察に出かけたり、暇があればゴルフやサーフィンなどを楽しんでいます。

飲食ビジネスはこれからますますクリエイティブな世界に入っていきます。マーケティングはもちろん、デザイン、ブランディングなども重要になります。ただ箱をつくって料理とドリンクを提供すれば済む時代は昭和のチェーンの時代とともに終わりました。マーケットの進化の先を行く仕掛けをつくり、新しいムーブメントをプロデュースしていけるのも飲食ビジネスです。

ＳＮＳでコミュニケーションすることが当たり前になり、偶然の出会いやつながりが、新しいプロジェクトを生むことも多くなりました。飲食ビジネスというプラットフォームにはさまざまな宝が隠れているに違いありません。これを掘り起こしていく楽しみを共有し、「外食の未来」をこの本を読んでくれた皆さんと一緒につくっていければと願い、筆をおきます。

「フードスタジアム」編集長　佐藤こうぞう

イートグッド
ー価値を売って儲けなさいー

2016年11月1日　　第1刷発行
2016年11月25日　第2刷発行

著　　者　佐藤　こうぞう　
編　　集　木村　勝明
装丁・DTPデザイン　鐵山　駿介
発 行 者　佐野　裕
発 行 所　トランスワールドジャパン株式会社
〒150-0001
東京都渋谷区神宮前6-34-15 モンターナビル
Tel.03-5778-8599 / Fax.03-5778-8743
印刷・製本　中央精版印刷株式会社　Printed in japan 2016
写真提供　ピクスタ
校　　閲　株式会社ぷれす

ISBN978-4-86256-188-6

最新飲食店情報
YELLOWPAGES
イエローページ

出張のときや、大事な商談などのビジネスシーンだけでなく、
プライベートにも美味しくて役立つ、いま一番旬なお店を、
「フードスタジアム」編集長 佐藤こうぞうが厳選してリストアップ。

店舗リストの使い方
HOW TO USE SHOPLIST

❷居酒屋とろわる（江古田）

❸住　　所：練馬区栄町 26-1
電話番号：03-6914-5983
営業時間：火～土 17:00 ～翌 1:00
日 17:00 ～ 24:00
定 休 日：月曜日
客 単 価：2500 円

❹産直の鮮魚などのこだわり食材を使ったメニューをリーズナブルに提供する。クラフトウイスキーもそろえており、注目のネオ酒場だ。

❶店舗写真　❷店名（エリア）
❸店舗情報・電話番号・住所・営業時 間・定休日・客単価
❹特徴説明

- ●事前予約を忘れずに！
- ●詳しい利用人数や予算額を店側に伝えましょう。
- ●客単価とは、一人分の予算金額の目安となる価格です。

ネオ酒場&大衆酒場

老舗大衆酒場のエッセンスを採り入れ、現代風にアレンジした店舗。

大衆酒場 ビートル（蒲田）

住　　所：大田区西蒲田 7-4-3 ソシアルプラザ 1F
電話番号：03-6428-7375
営業時間：月～金 16:00 ～ 24:00
　　　　　土日祝 14:00 ～ 24:00
定 休 日：無休
客 単 価：2500 円

「麦酒クラフトマン」などを展開する千倫義氏によるネオ大衆酒場。昭和時代の趣を随所にちりばめた心地よい空間、コスパの高さが魅力。

居酒屋とろわる（江古田）

住　　所：練馬区栄町 26-1
電話番号：03-6914-5983
営業時間：火～土 17:00 ～翌 1:00
　　　　　日 17:00 ～ 24:00
定 休 日：月曜日
客 単 価：2500 円

産直の鮮魚などのこだわり食材を使ったメニューをリーズナブルに提供する。クラフトウイスキーもそろえており、注目のネオ酒場だ。

ハトノーユ（池袋）

住　　所：豊島区西池袋 3-18-5
電話番号：03-6914-1947
営業時間：17:00 ～翌 0:00
定 休 日：月曜日
客 単 価：2500 ～ 3000 円

路地裏悪立地でファン客を獲得する青コーナーの date 氏が、池袋に出店。化学調味料なしのネオ大衆イタリアン酒場。

立呑み8（大井町）

住　　所：品川区東大井 5-12-3 ブルーフォレスト 1F
電話番号：03-6433-060
営業時間：17:00 ～翌 1:00
定 休 日：不定休
客 単 価：2500 円

この地に根付いたストーリーあるメニューづくり、店づくりは大井町出身オーナーならでは。1 号店「H」も連日満席の人気店だ。

つねまつ久蔵商店（月島）

住　　所：中央区月島 1-6-12
電話番号：03-6204-9740
営業時間：17:00 ～ 24:00
定 休 日：無休
客 単 価：3000 円

伝説の日本酒営業マン“白鹿”治郎氏が立ち飲みをオープン。月島もんじゃストリートの新たな日本酒の聖地として話題。

タキヨウ酒場（西小山）

住　　所：品川区小山 5-23-16
電話番号：03-6886-4533
営業時間：火～土 16:00 ～ 23:30
　　　　　日・祝 12:00 ～ 21:00
定 休 日：月曜日
客 単 価：2500 円

ベアードビール出身の鳴岡哲哉氏が拓く“酒場新世紀”。クラフトビールとヴァンナチュールワインを置く異色のネオ大衆酒場。

ネオ酒場＆大衆酒場

客単価も安く、若い男女やファミリー客でも気軽に入れる空気感が特徴。

大衆ビストロ ジル（目黒・中目黒）
住　　所：(中目黒店)目黒区上目黒1-3-19
電話番号：03-6451-3915
営業時間：月〜金 18:00〜26:00
　　　　　土日祝 17:00〜26:00
定休日：年末年始
客単価：3500円

注目度NO.1経営者・吉田裕司氏の大衆ビストロ。味、コスパ、サービスいずれもハイレベルで連日満席。煮ジル、JBの3ブランドを展開中。

晩酌屋 おじんじょ（恵比寿）
住　　所：渋谷区恵比寿西2-2-10 西牧ビル1F
電話番号：03-5784-1775
営業時間：月〜木 17:30〜翌1:30、金 17:30〜翌2:00、
　　　　　土 16:00〜翌1:00、日祝 16:00〜翌0:30
定休日：無休
客単価：4000〜5000円

広島県産レモンの極上レモンサワーと貴重な"みはら神明鶏"を使ったメニューが売り。毎日の晩酌に通いたい店。

まんまじぃま（高円寺）
住　　所：杉並区高円寺南4-27-18 ケーアイ高円寺ビル1F
電話番号：03-5305-6252
営業時間：17:00〜01:00
定休日：無休
客単価：3400円

酒場の本質、これがTHE居酒屋と実感する店。オーナーの小嶋崇嗣氏は、居酒屋の神様、楽グループの宇野隆史氏のDNAを受け継ぐ。

酒呑気まるこ（渋谷）
住　　所：渋谷区道玄坂1-18-4 和田ビル102
電話番号：03-5784-1626
営業時間：16:00〜23:30
定休日：無休
客単価：3200円

カウンターの"どぶづけ"や優しい味のおばんざいは、"当たり前に美味しく、日々通える酒場"を目指すオーナーの想いを表現したものだ。

和GALICO 寅（池袋）
住　　所：豊島区池袋2-58-9 清水ビル1F
電話番号：070-1319-7406
営業時間：月〜木 17:00〜26:00、金・土 17:00〜翌5:00
　　　　　日 17:00〜24:00
定休日：不定休
客単価：3000円

ジビエと野菜のくずし割烹というオリジナルの軸を打ち出す超人気店。カウンターメインのつくりもネオ大衆酒場に欠かせない要素だ。

スタンドぽてふり（神保町）
住　　所：千代田区神保町1-31-1
電話番号：非公開
営業時間：平日 17:00〜23:30
　　　　　土 16:00〜23:00
定休日：日・祝
客単価：2300円

鬼才・小林研氏による立ち飲み酒場。店奥に魚屋を構え、だからこその美味しい料理をアテに飲ませる隠れ家風の通好みの酒場。

イートグッド

生産者と食材の大事さを共有し、それを飲食店を通じて美味しく提供するコンセプトの店舗を指す。

くにたち村酒場（国立）

住　　所：国立市中 1-9-30 せきや国立ビル B1F
電話番号：042-505-6736
営業時間：17:30 ～ 23:00

定 休 日：第 1 火曜日
客 単 価：4000 円

国立、立川、国分寺、多摩、日野の地場野菜を毎日集荷にまわり新鮮な地場野菜を使った料理を提供し、都市農業の活性化に取り組む。

WE ARE THE FARM（代々木上原・恵比寿）

住　　所：（代々木上原店）渋谷区西原 3-24-10 PD ビル 1F
電話番号：03-5738-7744
営業時間：18:00 ～ 23:00

定 休 日：無休
客 単 価：5000 円

自社農園で育てた無農薬、無化学肥料、固定種、露地栽培の野菜料理を提供するレストラン。注目の若手オーナー・古森啓介氏が経営する。

東京ミート酒場（浅草橋など）

住　　所：（浅草橋総本店）台東区浅草橋 1-19-2
電話番号：03-6858-2059
営業時間：月～土 ランチ 11:30 ～ 16:00/ 酒場営業 16:00 ～ 24:00
日祝 ランチ 酒場営業 11:30 ～ 16:00/ 酒場営業 16:00 ～ 23:00
定 休 日：無休
客 単 価：ランチ 1000 円 / ディナー 2500 円

生パスタ「日本一おいしいミートソース」で人気のイタリアン。男性客からも人気。"無化調" を謳い、生産者との付き合いも深い。

STAND BY FARM（東銀座）

住　　所：中央区銀座 3-12-7 原町ビル 1F
電話番号：03-6264-7460
営業時間：ランチ 11:30 ～ 14:30/ ディナー 17:00 ～ 23:00

定 休 日：無休
客 単 価：3000 円

WE ARE THE FARM のカジュアル業態。より多くの人が日常使いできるように、単価を下げた。480 円均一の朝どれ野菜メニューが人気。

麹町カフェ（半蔵門）

住　　所：千代田区麹町 1-5-4 1 F
電話番号：03-3237-3434
営業時間：月～金 11:30 ～ 23:00、
土 12:00 ～ 22:00、祝 12:00 ～ 18:00
定 休 日：日曜日
客 単 価：3500 円

「イートグッド」発祥の店。毎朝三浦半島から食材を運ぶ。「限りなく手作りで、食材選びに妥協しない」という理念が創業から貫かれている。

VANSAN（祖師ヶ谷大蔵など）

住　　所：（祖師谷大蔵店）世田谷区祖師ケ谷 3-32-3
電話番号：03-5429-2073
営業時間：終日 11:00 ～ 24:00
ランチ 月～金 11:00 ～ 16:00、土・日・祝 11:00 ～ 14:00
定 休 日：無休
客 単 価：ランチ 1000 円 / ディナー 3500 円

契約農家から無農薬野菜を仕入れ、ワインは自然派のオーガニックイタリアン。子連れからお年寄りまで幅広い客層から支持を集めている。

生産地にこだわるのはもちろんのこと、加工食品や調味料なども店舗自身で提供するケースが多い。

VINOSITY（神田）

住　　所：千代田区鍛冶町 2-4-1 佐伯ビル 1F・B1F
電話番号：03-6206-9922
営業時間：月～金ドリンク 15:00～翌 4:00、フード 17:00～翌 3:00、
　　　　　土ドリンク 15:00 ～ 23:00、フード 15:00 ～ 22:00
定 休 日：日・祝
客 単 価：3600 円～4000 円

生産者との関係を大切にし、メニューブックで食材の背景などを紹介する。質の高いビストロメニューと豊富なワインが魅力。

スケ6ダイナー（浅草）

住　　所：台東区花川戸 1-11-1 あゆみビル 1F・2F
電話番号：03-5830-3367
営業時間：火～金 10:00 ～ 23:00　ランチ 10:00 ～ 17:00
　　　　　土・日・祝 8:00 ～ 22:00
定 休 日：月曜日
客 単 価：ランチ 1500 円 / ディナー 3000 円

麹町カフェの系列店。ハムやベーコンなどの加工品から調味料にいたるまで、自分たちでつくれるものはすべて手づくりする。

築地もったいないプロジェクト魚治（丸の内）

住　　所：千代田区丸の内 3-3-1 新東京ビル B1F
電話番号：03-6269-9099
営業時間：月～金　ランチ 11:00 ～ 14:30 / ディナー 17:30 ～ 23:30
　　　　　土 16:00 ～ 22:00
定 休 日：日・祝
客 単 価：4000 円

売れ残りや規格外サイズなどの理由で、廃棄される魚を仕入れて提供する。その日に入った魚に応じて、メニューは日替わりだ。

CANTERA HARAJUKU（原宿）

住　　所：渋谷区神宮前 6-28-6 キュープラザ原宿 9F
電話番号：03-6433-5537
営業時間：ランチ 11:30 ～ 15:00
　　　　　ブランチ & ディナー 15:00 ～ 23:30
定 休 日：無休
客 単 価：3500 円

ピッツァは全粒粉を店内で挽くところから手づくり。産地、生産者にこだわって食材を選択し、身体に優しいバルメニューを提供する。

Farm to table Y（恵比寿）

住　　所：渋谷区恵比寿南 1-18-9 タイムゾーンヒルトップビル 1F ザ・ハーベスト内
電話番号：03-6303-2202
営業時間：火～土 12:00 ～ 14:00/18:00 ～
定 休 日：日・月
客 単 価：ランチ 4500 円 / ディナー 8000 円

産地直送の食材や自然派ワイン、純米酒をコースで提供する。キッチン雑貨店の奥にあり、大人の雰囲気の隠れ家レストラン。

SANCHA TEPPEN ORGANIC 85BAL（三軒茶屋）

住　　所：世田谷区三軒茶屋 2-14-19
電話番号：03-6805-5773
営業時間：月～金ランチ 12:00 ～ 15:00、ディナー 18:00 ～ 24:00
　　　　　土ランチ 12:00 ～ 15:00、ディナー 17:00 ～ 24:00
定 休 日：日曜日
客 単 価：ランチ 1280 円 / ディナー 4000 円

アレルギーなど食で苦しむ人たちが、同じテーブルで食事ができるよう、扱う食材は、生産過程を知った上で仕入れる徹底ぶり。

ネオガストロ

高級なビールや食べ物を供するバーとレストランを兼ねた飲食店の、さらなる進化形態がこれ。

PATH（代々木八幡）

住　　所：渋谷区富ヶ谷1-44-2 A-FLAT 1F
電話番号：03-6407-0011
営業時間：モーニング・ランチ 8:00〜14:00
　　　　　ディナー 18:00〜24:00
定 休 日：月曜日・月1回日曜日
客 単 価：モーニング 1500円 / ディナー 5000円〜8000円

二ツ星フレンチ「トロワグロ」出身のパティシエとシェフによるカフェ&レストラン。自家製のクロワッサンなどのパンは売り切れ必至。

bar à vin PARTAGER（表参道）

住　　所：渋谷区神宮前4-12-10 表参道ヒルズ本館3F
電話番号：03-6434-9091
営業時間：月〜土 11：00〜23：30
　　　　　日 11：00〜22：30
定 休 日：ビルに準じる
客 単 価：5000円

大阪・お初天神の超人気ビストロ「ル・コントワ」の姉妹店。「ひらまつ」出身のシェフがつくる創作フレンチをリーズナブルに提供する。

Les Petits Plats（蒲田）

住　　所：大田区蒲田5-12-1 リシェルコート1F
電話番号：03-6715-8815
営業時間：17:00〜3:00

定 休 日：月曜日
客 単 価：4000円

「大衆ガストロノミー」をテーマに、本格的なフレンチをカジュアルに提供。フレンチコースのメニューを一皿から注文できる。

falo（代官山）

住　　所：渋谷区代官山町14-10 LUZ代官山B1F
電話番号：03-6455-0206
営業時間：18:00〜23:30

定 休 日：木曜日
客 単 価：7000円

日本を代表するイタリアン「アクア・パッツァ」出身のシェフによる炉端イタリアン。旬の食材を炭で焼上げ、素材の味を活かしつつ、独創的な料理で連日満席に。

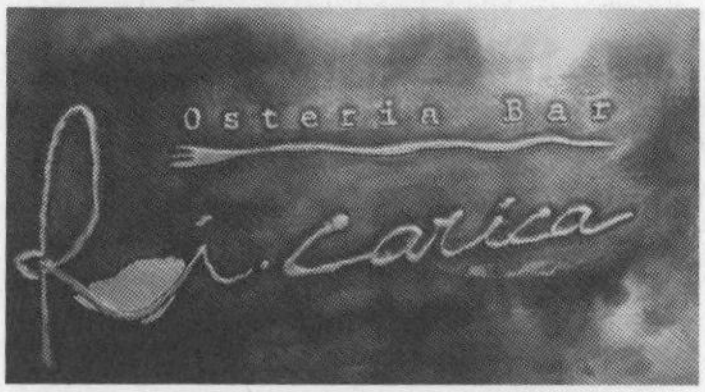

オステリアバル リ・カーリカ（学芸大学）

住　　所：目黒区鷹番2-16-14 B1F
電話番号：03-6303-3297
営業時間：18:00〜翌1:00

定 休 日：無休
客 単 価：6500円

トスカーナや有名店で修行したシェフによるオステリア。都立大学に2号店「カーリカ・リ」があり、いずれも連日満席の超人気店。

a（アー）（渋谷）

住　　所：渋谷区宇田川町13-16　コクサイビル2F
電話番号：03-5459-1158
営業時間：ランチ　11:00〜16:00 / カフェタイム 14:30〜17:00
　　　　　ディナー　18:00〜23:00
定 休 日：無休
客 単 価：ランチ3000円 / ディナー8000円

「KIHACHI」出身の宮本健一シェフによるハイカジイタリアン。二十四節気をベースにしたメニュー。ランチからカフェ、ディナーと一日中利用できる。

ネオガストロ

本格的な料理やアルコールを、気軽に利用できるサービス展開も注目されているポイント。

Salmon&Trout（代沢）

住　　所：世田谷区代沢 4-42-7
電話番号：080-4816-1831
営業時間：18:00 ～ 24:00
定 休 日：日・月
客 単 価：8000 ～ 10000 円

通称“サモトラ”の名で親しまれる同店。シェフの森枝幹氏は、店舗プロデュースやイベント主催など、食の世界で精力的に活動する。

Bistro Chick（麻布十番）

住　　所：港区東麻布 3-7-8 イイダアネックス麻布十番 1F
電話番号：03-6345-5900
営業時間：ランチ　11:30 ～ 15:00
　　　　　ディナー 17:30 ～ 23:00
定 休 日：無休
客 単 価：ランチ 1200 円 / ディナー 6000 円

麻布十番の中でも閑静な東麻布エリア。骨太なビストロ料理を中心に、熟成魚を進化させたメニューや看板メニューの生パスタも提供する。

JB神田（神田）

住　　所：千代田区鍛冶町 1-9-19 GEMS 神田 2F
電話番号：03-6262-9939
営業時間：月～金ランチ 11:30 ～ 14:30/ ディナー 17:00 ～ 23:30
　　　　　土 15：00 ～ 23：00
定 休 日：ランチ土・日・祝 / ディナー日・祝
客 単 価：ランチ 1000 円 / ディナー 4500 円

和の食材をフレンチの技法を駆使して“和ビストロ”という新たなジャンルに。シェフは数々の一流レストランで腕を磨いてきた実力派。

CRAFTAL（中目黒）

住　　所：目黒区青葉台 1-16-11 2F
電話番号：03-6277-5813
営業時間：17:00 ～ 22:30
　　　　　土・日ランチ 11:30 ～ 14:00
定 休 日：水曜日
客 単 価：10000 円

日仏の数々のグランメゾンで修行を積んだシェフによるネオガストロ。ドリンクとパンがペアリングされるコース料理がおもしろい。

アジアンバル209（渋谷）

住　　所：渋谷区道玄坂 2-28-1 椎津ビル 2F
電話番号：03-6452-5293
営業時間：月～金　17:30 ～翌 2:00
　　　　　土　11:30 ～翌 2:00　日・祝　11:30 ～ 24:00
定 休 日：無休
客 単 価：4000 円

ミシュラン二つ星の「レヴェルヴェソンス」出身のシェフによる、創作アジアン料理が人気。道玄坂という立地も便利。

FERMiNTXO BOCA（六本木）

住　　所：港区六本木 1-4-5 アークヒルズサウスタワー 1F
電話番号：03-6426-5760
営業時間：月～金 11:00 ～ 16:00、17:00 ～ 2300
　　　　　土 11:00 ～ 16:00、17:00 ～ 22:00
定 休 日：日・祝
客 単 価：ランチ 1000 円 / ディナー 4000 ～ 5000 円

スペイン版サンドイッチ“ボカディージョ”をメインにしたガストロバル。シェフはスペインの星付きレストランで修行してきた実力派だ。

クラフトビール

小規模な醸造所で職人が精魂込めてつくっている
ビールを手工芸品(Craft)に例えてそう呼ぶ。

ビアバー うしとら 壱号店(下北沢)

住　　所：世田谷区北沢 2-9-3 三久ビル 2F
電話番号：03-3485-9090
営業時間：17:00 ～翌 2:00
定 休 日：無休
客 単 価：3500 円

栃木県小山氏の自社醸造所を持つ老舗。オリジナルビールは、クリエイティブで業界内外からの評価も高い。下北沢に 2 店舗ある。

RISE&WIN Brewing Co. KAMIKATZ TAPROOM(東麻布)

住　　所：港区東麻布 1-4-2 THE WORKERS & CO 1 階
電話番号：03-6441-3800
営業時間：月～金ランチ 12:00 ～ 15:00/ ディナー 18:00 ～ 23:00
土・祝 18:00 ～ 23:00
定 休 日：日曜日
客 単 価：ランチ 1000 円 / ディナー 3500 円

徳島県上勝町発のクラフトビール店。ゴミを出さない“ゼロ・ウエイスト・タウン”を目指す同町の理念に共感したオーナーが開店させた。

萬感 (ばんかん)(高円寺)

住　　所：杉並区高円寺南 3-47-8
電話番号：03-3314-5008
営業時間：月～金 17:00 ～ 25:00
土・日・祝 14:00 ～ 25:00
定 休 日：火曜日
客 単 価：3000 円

国産のクラフトビールを中心に提供するビアバー。蔵元直送のフレッシュで美味しい樽生国産クラフトビールが味わえる。

CRAFT BEER MARKET(虎ノ門、神保町、三越前、高円寺、吉祥寺など)

住　　所：(虎ノ門店) 東京都港区西新橋 1-23-3 S.A. グレイス 1F
電話番号：03-6206-1603
営業時間：ランチ 11:30 ～ 14:00
ディナー 17:00 ～ 23:30
定 休 日：土・日・祝
客 単 価：3200 円

クラフトビールを均一価格で提供するパイオニア的存在。国内外ビールを 30 種類ほどを樽生でそろえる。店舗ごとに異なるフードも魅力的。

TAPSTAND(新宿)

住　　所：新宿区新宿 3-35-3 森治ビル 1F
電話番号：03-3226-0566
営業時間：月～土 15:00 ～ 23:30
日・祝 15:00 ～ 23:00
定 休 日：不定休
客 単 価：3200 円

注目の新宿サザンエリアにオープン。23 タップを備える。国内外の客が集う人気店。カウンターで外を眺めて飲むビールが気持ちいい。

クラフト麦酒ビストロ CRAFTSMAN(五反田)

住　　所：品川区西五反田 2-18-3 グレイス五反田 1F
電話番号：03-6420-3402
営業時間：ディナー 17:00 ～翌 1:00
定 休 日：無休
客 単 価：ランチ 1000 円 / ディナー 3500 ～ 4200 円

ベルギービールの先駆け的店。自家製のシャルキュトリなど、フードのレベルも高く、クラフトビール好き以外の満足度も高い人気店。

日本酒、SAKE

日本各地の酒蔵がこだわって醸造する、個性的で素晴らしい日本酒が最近注目を浴びている。

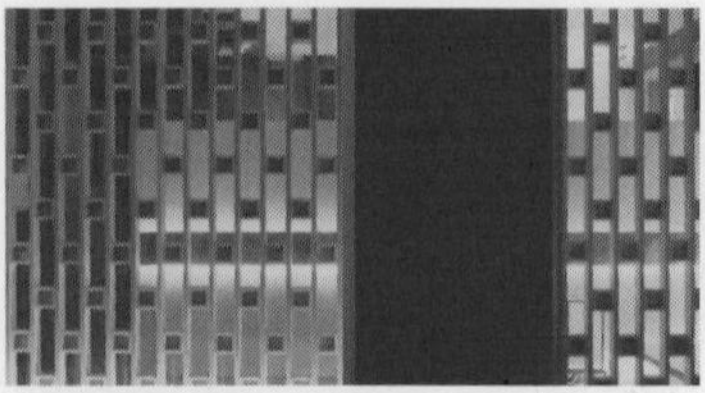

焼鳥 山もと（三鷹）

住　所：武蔵野市中町 1-19-8 シティハイツ武蔵野市 B1F
電話番号：0422-38-8678
営業時間：17:00 ～ 23:00

定 休 日：木曜日
客 単 価：5000 円

1000 本近くの日本酒を店内で自家熟成する気鋭の焼鳥店。常温～燗酒をすすめている。クラフトビールも 8 種類樽生でそろえている。

Gift食堂（代々木公園、阿佐ヶ谷）

住　所：（代々木公園店）渋谷区富ヶ谷 1-3-14 橋谷ハイツ 1 F
電話番号：03-5790-9343
営業時間：18:00 ～ 24:00

定 休 日：月曜日
客 単 価：3500 円

オリジナルソースが特徴的な洋風おでんと、旬の地方野菜の炙り焼き料理を日本酒に合わせ、新たな魅力を提案する日本酒バル。

にほんしゅ ほたる（神田）

住　所：千代田区内神田 1-17-1 M Ⅲビル 1F
電話番号：03-5577-6556
営業時間：月～金 17:00 ～ 23:30
　　　　　土 16:00 ～ 23:00
定 休 日：日・祝
客 単 価：3500 円

東京初の日本酒ブルワリーパブ（醸造所併設型パブ）。“純米大吟醸” スペックの出来立てフレッシュな自家醸造の「どぶろく」を提供する。

青二才（神保町、中野、阿佐ヶ谷）

住　所：（中野店）中野区中野 3-35-7 松井ビル 1F
電話番号：03-5340-1231
営業時間：17:00 ～翌 1:00

定 休 日：不定休
客 単 価：2800 円～ 3000 円

日本酒をバルで飲む新スタイルで、一気に超繁盛店に。オーナー小椋道太氏を中心に常連客が多く、イベントも随時開催している。

八咫（やた）（渋谷、新宿三丁目、神田など）

住　所：（新宿三丁目店）新宿区新宿 3-14-22 10F
電話番号：03-5341-4365
営業時間：火～金 15:00 ～ 23:00
　　　　　土・日・祝 14:00 ～ 22:30
定 休 日：月曜日
客 単 価：2500 円

酒屋が運営するオシャレな日本酒立ち飲みバー。隠れた名酒の宝庫で、連日予約で埋まる人気店。1 時間 2000 円飲み放題コースが定番。

酒じゃらしの唄（茅場町）

住　所：中央区茅場町 3-3-3
電話番号：03-3808-5566
営業時間：月～金 17:00 ～ 23:30
　　　　　土 16:00 ～ 23:00
定 休 日：日・祝
客 単 価：4000 円

日本酒好きが密かに通う名店。常時 50 種類以上の銘柄をそろえる。板前がつくる小皿料理をアテにじっくり日本酒を楽しめる。

その他

ジャンルや業態にこだわらずに、今まさに注目すべき
話題の飲食店をピックアップ。知らないと乗り遅れる!?

自家製生麺専門 POTA PASTA(渋谷)

住　　所：渋谷区道玄坂 2-6-7 2F
電話番号：03-6416-3477
営業時間：11:00 ～ 23:00

定 休 日：無休
客 単 価：400 円

本格生パスタを 330 円から提供し、ファストフード化した注目の店。「立喰い焼肉 治郎丸」の新業態。メニューは全 22 種類と多彩。

焼ジビエ 罠炭打(中目黒、神田など)

住　　所：（中目黒店）目黒区上目黒 3-8-3 千陽中目黒ビル 1F
電話番号：03-5720-1199
営業時間：不定

定 休 日：不定休
客 単 価：3800 円

資格を持つ猟師が仕留めた国産の天然鳥獣を中心とし、処理、調理方法も行政の指導を順守し、安心、安全性に何よりもこだわっている。

GYOZA SHACK(三軒茶屋)

住　　所：世田谷区三軒茶屋 2-13-10
電話番号：03-6805-4665
営業時間：月～土 17:00 ～ 26:00
　　　　　日・祝 17:00 ～ 24:00
定 休 日：月 1 回不定休
客 単 価：3500 円

“厚皮・粗挽き・手包み・無化調” のオリジナル創作餃子を看板に、チリワインと純米大吟醸で新たなマリアージュを提案する。

肉と日本酒(谷中)

住　　所：台東区谷中 3-1-5 ミハマビル 1F
電話番号：080-4474-5533
営業時間：17:00 ～（完全予約制）

定 休 日：不定休
客 単 価：6500 円

有名焼肉店「肉山」のオーナーの光山英明氏がプロデュースした貸切専用焼肉店。ドリンクはすべてセルフ。肉も日本酒も日替わり。

GU3F(五反田)

住　　所：非公開
電話番号：非公開（紹介制）
営業時間：月～木 17:00 ～ 25:00
　　　　　土 17:00 ～ 24:00　金・祝前日 17:00 ～ 26:00
定 休 日：日・祝
客 単 価：5000 円

人気ホルモン焼肉「ぐう」の完全紹介制の店。焼肉のコースとドリンク飲み放題で 5000 円ながら、クオリティが高い。

貝呑(神田)

住　　所：千代田区鍛冶町 1-7-1
電話番号：03-5289-3344
営業時間：月～金 17:00 ～ 23:30
　　　　　土 16:00 ～ 23:00
定 休 日：日・祝
客 単 価：3000 円

食べたい魚を選び、シェフに調理してもらう魚屋の立ち飲み。料理は、角打ちながらも全て本格派のフレンチスタイルに徹する。

新中野 トンズラ（中野）

住　　所：中野区中央 3-33-4
電話番号：03-5342-4744
営業時間：19:00 ～ 24:00
定 休 日：無休
客 単 価：1500 円

物菜×角打ちの小さな店舗。誰もが食べたことのあるスタンダードなもの、美味しくて懐かしい和洋折衷の惣菜が 380 円均一。

喜久や（恵比寿）

住　　所：渋谷区恵比寿 4-6-1 恵比寿 MF ビル 1F
電話番号：03-5422-9077
営業時間：月～金 16:00 ～翌 2:00、
　　　　　土・日・祝 16:00 ～ 23:00
定 休 日：年末年始
客 単 価：3000 円

天ぷら×立呑みの新スタイルを打ち出す同店。創作天ぷらのほかに肴も充実する。ワインや日本酒、サワーなど幅広いドリンク提案も◎。

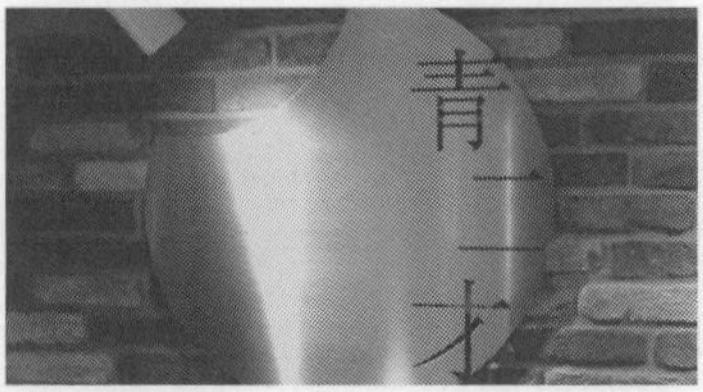

青二才 阿佐ヶ谷（阿佐ヶ谷）

住　　所：非公開
電話番号：非公開
営業時間：平日 19:00 ～翌 3:00
　　　　　土日祝 17:00 ～翌 1:00
定 休 日：不定休
客 単 価：2500 円

日本酒バルの火付け役が、完全紹介制、セルフ、立呑みという新スタイルで出店。常連客か、店員の紹介があれば入店できる。

LAMB MEAT TENDER（神保町）

住　　所：千代田区神田小川町 3-5-3 神保町 YMU ビル 1F
電話番号：03-6823-1141
営業時間：月～金　11:30 ～ 14:00　17:00 ～ 23:30
　　　　　土　16:00 ～ 23:30
定 休 日：日・祝
客 単 価：4200 円

人気の肉業態の店を展開するブッチャーズグループ 4 店舗目。「羊の新たな食べ方提案」をテーマに、豊富な羊肉メニューを提案する。

フードスタジアム

佐藤こうぞう氏が編集長を務める、飲食店・レストランの〝トレンド〟を配信するフードビジネスニュースサイト「フードスタジアム」。飲食ビジネスの動向はもちろん、新規開店などのニュースも掲載されているので、今後注目の集まる話題の飲食店情報のチェックにも役立つ！

http://food-stadium.com/

魚介などの和食、イタリアンやジビエ、焼き肉に麺類など、ジャンルに縛られずに美味しい店をご紹介！